Maria Deisy Geißinger

Zur Beziehung von Anstrengungsvermeidung, Lernmotivation und Lernverhalten von Schülerinnen und Schülern unter den Bedingungen der Corona-Pandemie

Eine empirische Feldstudie

Hartung-Gorre Verlag Konstanz

Masterarbeit im Masterstudiengang Unterrichts- und Schulentwicklung (MUSE) der Pädagogischen Hochschule Freiburg im Herbst 2021

Bibliografische Information Der Deutschen Nationalbibliothek
Die Deutsche Nationalbibliothek verzeichnet diese Publikation in der Deutschen Nationalbibliografie; detaillierte bibliografische Daten sind im Internet über http://dnb.d-nb.de abrufbar.

Erste Auflage 2022
HARTUNG-GORRE VERLAG KONSTANZ
ISBN-10: 3-86628-744-5
ISBN-13: 978-3-86628-744-0

Danksagung

Mein Dank gilt in erster Linie Herrn Prof. Dr. Rollett für die Möglichkeit zur Durchführung dieser Arbeit, die wertvollen Anregungen und seine andauernde Diskussionsbereitschaft.

Herrn Dr. Jürgen Ruff danke ich für die vielen fruchtbaren Diskussionen, für seine Hilfsbereitschaft und für die Unterstützung beim Korrekturlesen dieser Arbeit.

Bedanken möchte ich mich ausdrücklich bei den Schülerinnen und Schülern, die an dieser Untersuchung teilgenommen haben, vielen Dank für die aktive Mitarbeit.

Mein Dank geht an meine Lehrerkolleginnen und Lehrerkollegen, die mich bei der Arbeit tatkräftig unterstützt haben.

Insbesondere möchte ich meiner Familie und meinen Kindern Laura und Andreas für ihr Verständnis danken, dass ich für sie während der Erstellung der Masterarbeit nur wenig verfügbar war.

Inhaltsverzeichnis

Abkürzungsverzeichnis

AVT	Anstrengungsvermeidung
LernEmo	Lernemotionen
LernMo	Lernmotivation
M	Mittelwert
S	Standardabweichung
Q-Q-Diagramm	Quantil-Quantil-Diagramm

Abbildungsverzeichnis

Tabellenverzeichnis

1 Einleitung

1.1 Coronavirus und die Auswirkung auf die Schulen

Mit der schnellen Verbreitung des Coronavirus[1] seit dem Ausbruch 2019 begann eine gesellschaftliche Krise mit weltweit umfangreichen Auswirkungen, die zu einer Veränderung unseres Denkens und Handels auf allen Ebenen der Gesellschaft führte. Unaufhaltsam erreichte das Virus in wenigen Monaten auch die Schulen in Deutschland. In kürzester Zeit mussten Bildungsstrukturen wegen der Corona-Pandemie verändert werden.

Untermauert durch die über das Infektionsschutzgesetz – IfSG §28 Gesetz[2,3] und die Ermächtigungsgrundlage des § 32 IfSG ergangenen Infektionsschutz-Verordnungen der Bundesländer (Wrase 2020, S. 106) und die besonderen Vorschriften des Robert Koch Instituts für Schulen[4] folgte im Frühjahr 2020 in ganz Deutschland eine bisher nie dagewesene flächendeckende Schulschließung, um die Ausbreitung des Virus einzudämmen. Nach Angaben der UNESCO waren über 1,6 Mrd. Schulkinder weltweit von Schulschließungen betroffen (UNESCO 2020. S. 1). Nach der Empfehlung des Robert Koch-Instituts (RKI) und der Leopoldina (Deutsche Akademie der Naturforscher)[5], Sozialkontakte in öffentlichen Bereichen inklusive Schulen so weit wie möglich einzuschränken [6], lernten Schülerinnen und Schüler zu Hause. Dabei stellte sich die Frage: Unter welchen Bedingungen fand das Lernen zu Hause statt? Die Schulschließung stellte nicht nur die Schulen, sondern auch die Lernenden und die ganze Familie vor neue Herausforderungen. Damit das Lernen zu Hause stattfinden konnte, mussten die Lernumgebung und die Lernbedingungen für das digitale Lernen angepasst werden. Hinsichtlich der Schule und der Unterrichtssituation, wurde der

---

[1] Am 11.02.2020 verlautbarte die WHO (World Health Organization) den offiziellen Namen für die Erkrankung: **COVID-19** (coronavirus disease 2019, „Coronavirus-Krankheit 2019").

[2] vgl. Bundesamt für Justiz 2020.

[3] vgl. Der Bundestag 2020.

[4] vgl. Robert Koch-Institut (RKI) 2008.

[5] vgl. Nationale Akademie der Wissenschaften (Leopoldina) 2020.

[6] vgl. Bundesregierung 2020.

klassische Unterricht durch andere Lernformen beispielweise unter Einsatz digitaler Medien ersetzt (Huber und Helm 2020b, S. 3). Für die Organisation des Lernens zu Hause übernahmen die Eltern vor allem bei der Strukturierung des Alltags und bei der Begleitung von Lernprozessen eine zentrale Rolle. Jedoch hat bei vielen Eltern die kurzfristig übertragene Aufgabe des Unterrichts in dieser unvorbereiteten Situation Belastung und Beanspruchungserleben ausgelöst. Manche Eltern hatten beispielweise negative Emotionen wie Angst vor schulischen Nachteilen ihrer Kinder, andere erlebten positive Emotionen wie Freude bei der Unterstützung und Begleitung der Lernprozesse der Kinder und Jugendlichen (vgl. Porsch und Porsch 2020, S. 67). Dabei benötigten Kinder in der Primarstufe eine stärkere Unterstützung für die Erledigung von Schulaufgaben. Luplow und Schneider zeigten, dass die elterliche Unterstützung in der Sekundarstufe I abnimmt, da die Komplexität der Lerninhalte zunimmt und die Schülerinnen und Schüler an Autonomie gewinnen (vgl. Luplow und Schneider 2018, S. 180). Dumont, Trautwein und Lüdtke (2012) konnten zeigen, dass bildungsnahe Eltern ihre Kinder adäquater unterstützen können als bildungsferne Eltern (vgl. Rønning 2011, S. 58; Dumont et al. 2012, S. 56). Jedoch war das heimische Lernen für manche Schülerinnen und Schüler mit großen Verunsicherungen und Überforderung verbunden (vgl. Holtgrewe et al. 2020, S. 3). Diesbezüglich haben die Selbstorganisation des Lernens, die Gestaltung des schulischen Alltags, die Form der Unterstützung der Schule sowie soziale und individuelle Rahmenbedingungen zu einem unterschiedlichen Belastungserleben geführt (vgl. Porsch und Porsch 2020, S. 62; Holtgrewe et al. 2020, S. 6; Huber et al. 2020b, S. 7), insbesondere weil unter der Corona-bedingten Isolation den Kindern und Jugendlichen sämtliche Bildungsangebote und die gewohnten sozialen Strukturen fehlten, die für ihre Entwicklung relevant sind (vgl. Brakemeier et al. 2020, S. 6; vgl. Bzdok und Dunbar 2020, S. 717).

1.2 Keine Corona-Ferien

Die Veränderungen im Alltag, die am Anfang der ersten Schulschließung zu einer Lockerung der Strukturen zu Hause und zu weniger zeitlichen Verpflichtungen für die Schule geführt haben, löste bei vielen Schülerinnen und Schülern das Gefühl von Ferien aus, die sogenannte „Corona-Ferien“-Stimmung. Schülerinnen und Schüler, die keinen geregelten Tagesablauf hatten, dachten signifikant häufiger, dass sie Ferien hätten (vgl. Huber et al. 2020b, S. 37). Andere schätzen diese Zeit und äußerten sich positiv über die Vorteile des Fernunterrichts, besonders über die Möglichkeiten des eigenverantwortlichen und selbstständigen Lernens, ein eigenes Lerntempo und einen eigenen Lernrhythmus sowie über den Einsatz individueller Lernmethoden (ebd. 41) (vgl. Brandt und Kuschnereit 2020, S. 8).

1.3 Schule ist mehr als ein Lernort

Die aktuellen Schultheorien beschreiben die Funktionen der Schule aus zwei Perspektiven. Bei der ersten Perspektive geht es um die Beziehung zwischen Schule und Gesellschaft, wobei Schule als gesellschaftliche Institution betrachtet wird (Blömeke et al. 2009, S. 15). Bei der zweiten Perspektive handelt es sich um die internen Strukturen der Schule. Nach Fend und Parson (2009) übernimmt die Schule wichtige Aufgaben bei der Sozialisation und Selektion.

Dazu gehören:

Eine „Enkulturationsfunktion" hinsichtlich der Reproduktion grundlegender kultureller Fertigkeiten und kultureller Verständnisformen der Welt und des Individuums, wodurch die Möglichkeit entsteht, die Autonomie des Individuums in Denken und Handeln zu stärken.

Eine Qualifikationsfunktion, die auf berufsrelevante Fähigkeiten zielt. Damit wird es möglich, Wissen und Fähigkeiten zu erwerben, um die berufliche Lebensführung zu gestalten.

Eine Allokationsfunktion, die über Prüfungen unterschiedliche Berufslaufbahnen zuweist.

Und eine Integrationsfunktion, die über die Vermittlung von Werten und Normen die gesellschaftspolitische Ordnung stabilisieren und zur Demokratisierung der Gesellschaft beitragen soll und Begegnungen, soziales Leben sowie soziale Bindungen und Identifikation ermöglicht (vgl. Fend 2009, S. 49–53; Parsons 2012).

Diese Rollen der Schule und insbesondere des Klassenzimmers als sozialkommunikativer Ort sowie als Erlebnis- und Erfahrungsraum haben Schülerinnen und Schüler im „Lockdown" als besonders bedeutsam erlebt. Besonders, weil durch das Distanzlernen die Interaktion zwischen den Schülerinnen und Schülern erschwert wurde und somit die Möglichkeit des direkten Feedbacks gefehlt hat (vgl.

Brandt und Kuschnereit 2020, S. 9; Breitenbach 2021, S. 9). Dieses deutet darauf hin, dass die soziale Eingebundenheit für die Schülerinnen und Schüler besonders in Zeiten der häuslichen Beschulung darunter gelitten hat. Soziale Eingebundenheit stellt ein menschliches Grundbedürfnis dar, das für eine emotionale Stabilität und gesunde Entwicklung der Schülerinnen und Schüler sorgt. Sie erfordert positive Beziehungen und sichere Bindungen zu den Mitschülerinnen und Mitschülern sowie Lehrerinnen und Lehrern aber auch zu allen anderen in der Schulgemeinschaft (vgl. Baumeister und Leary 1995, S. 497–498).

1.4 Das Lernen zu Hause unter Corona Bedingungen

Familie und Schule sind zwei bedeutsame Sozialisationssysteme im Kindes- und Jugendalter (vgl. Otterpohl und Wild 2017, S. 2), deren rechtlicher Rahmen im Grundgesetz (vgl. Art. 6 und Art. 7) verankert ist. Das Gesetz sieht den elterlichen und staatlichen Erziehungsauftrag mit gleichrangiger Bedeutung vor: „Der staatliche Erziehungsauftrag der Schule, von dem Artikel 7,1 GG ausgeht, ist in seinem Bereich dem elterlichen Erziehungsrecht nicht nach, sondern gleichgeordnet. Diese gemeinsame Erziehungsaufgabe von Eltern und Schule, welche die Bildung der Persönlichkeit des Kindes zum Ziel hat, lässt sich nicht in einzelne Komponenten zerlegen. Sie ist in einem sinnvoll aufeinander bezogenen Zusammenwirken zu erfüllen" (Bundesverfassungsgericht und Senat 1972). Jedoch sind unter der historischen Pandemie-Ausnahmesituation Eltern, Kinder, Jugendliche und Schulen mit besonderen Herausforderungen konfrontiert. Untersuchungen von Huber und Helm (2020) zeigen, dass nur ein kleiner Teil der Lernenden (etwa jeder zehnte) über unzureichende elterliche und familiäre Unterstützung sowie eine unzureichende technische Ausstattung verfügt (Huber und Helm 2020a, S. 39). Sehr oft äußerten Eltern über ihre Rolle beim Homeschooling, sie seien nicht die Lehrkräfte, sondern Unterstützer und Begleiter des Lernens ihrer Kinder (vgl. Langner 2020, S. 104). Familien, die in der Corona-Krise einen guten Zusammenhalt und eine solide Eltern-Kind-Beziehung aufgebaut haben, scheinen die Belastungen der Kinder besser auffangen zu können. Solche gelingenden Beziehungen zwischen Eltern und ihren Kindern haben eine positive Auswirkung auf die Lernmotivation der Kinder und Jugendlichen. Eltern können ihre Kinder mit unterschiedlichen Bildungsressourcen und Zeitaufwand unterstützen und fördern (Doepke und Zilibotti 2019, S. 76). Nach der

Selbstbestimmungstheorie von Deci und Ryan bewirken gute Beziehungen zu Bezugspersonen positive Gefühle beim Lernen, sie sind die Motoren der Lern- und Leistungsmotivation (Deci et al. 1993, S. 229; Ryan und Deci 2000, S. 68), nämlich durch das Gefühl, mit der Bezugsperson verbunden zu sein und gleichzeitig eigene Handlungen autonom bestimmen zu können, Selbstverantwortung für das eigene Lernen zu übernehmen und Lernstrategien zu entwickeln. Um die eigene Lernmotivation aufrechtzuerhalten, integriert die Person Ziele und Verhaltensnormen in das eigene Selbstkonzept (Deci et al. 1993, S. 227). Schülerinnen und Schüler bringen jedoch unterschiedliche Voraussetzungen mit, die zum einen mit der familiären Situation zum anderen aber auch mit ihren Kompetenzen in Verbindung stehen. Je bildungsferner die Eltern und je prekärer die familiären Verhältnisse sind, in denen Kinder aufwachsen, desto größer ist die Kluft. Vorkommnisse, wie das unentschuldigte Fehlen bei Videokonferenzen, die fehlende Rückmeldung von Schülerinnen und Schülern oder deren Eltern, keine oder nur unregelmäßige Abgabe von Hausaufgaben und ähnliches lassen die Schwierigkeiten erkennen. In vielen Fällen handelte es sich um zerrüttete Familien oder prekäre Wohnverhältnisse, die das Lernen dieser Kinder und Jugendlichen erschweren (Brandt und Kuschnereit 2020, S. 20–21). Durch die Schulschließungen entfällt die Chance, Kinder aus bildungsfernem Haushalten intensiver zu fördern. Nicht alle Kinder und Jugendlichen haben die gleichen Möglichkeiten und Fähigkeiten des selbstregulierenden Lernens, zum einen, weil die einzelnen Haushalte unterschiedlich mit digitalen Endgeräten ausgestattet sind und die Internetverbindungen unterschiedlich stabil sind, zum anderen unterscheiden sich die digitalen Kompetenzen der Jugendlichen stark nach dem sozioökonomischen Hintergrund. Kinder und Jugendliche aus privilegierten Familien weisen höhere digitale Kompetenzen auf als Gleichaltrige von niedriger sozialer Herkunft oder mit Migrationshintergrund (Anger und Plünnecke 2020, S. 2; Eickelmann et al. 2019, S. 14).

1.5 Der Aufbau der Arbeit

Im theoretischen Teil der Arbeit werden zuerst die gesetzlichen Rahmenbedingungen, die das Lernen im Fernunterricht verbindlich und rechtskräftig regeln, sowie die wichtigsten Konzepte des Lernens unter Corona-Pandemiebedingungen aufgezeigt. Dabei stellt sich der Fernunterricht als eine neue Lern-Lehrsituation dar. In diesem

Kapitel werden die bisher bekannten Lern-Modelle wie das Homeschooling aber auch neue Konzepte, die mit der neuen Lernsituation Anwendung gefunden haben, erörtert.

Im zweiten Teil werden die relevanten Forschungsergebnisse und Konzepte zu den Theorien der Lern- und Leistungsmotivation, Lernemotionen und Anstrengungsvermeidung dargestellt.

Im empirischen Teil erfolgt die qualitative und quantitative Datenanalyse mit relevanten Fragestellungen zu Lernsituation und Lernbedingungen der Schülerinnen und Schüler während der Covid-19-Pandemie.

Im Ergebnisteil wird die statistische Analyse der Datenerhebung anhand von Grafiken und Tabellen dargestellt. In der Diskussion werden die Ergebnisse analysiert und mittels Forschungsfragen und Hypothesen ausführlich diskutiert.

2 Theorie und Forschungsstand

In diesem Kapitel werden die gesetzlichen und theoretischen Grundlagen des Lehrens und Lernens unter den Bedingungen der Corona-Pandemie und der Einfluss auf das Lernen zu Hause dargestellt. Die neuen Konzepte, die für die Beschulung als Fernunterricht eingeführt wurden, und die charakteristischen Eigenschaften der einzelnen Unterrichtsformate werden hier ebenfalls erläutert. Die Begrifflichkeiten und der Forschungsstand der Anstrengungsvermeidung, Lernmotivations- und Lernemotionsforschung werden vorgestellt.

2.1 Lernen unter Corona-Pandemiebedingungen

Mit Ausbruch der Corona-Pandemie im März 2020 änderte sich nicht nur die Form des Lehrens und Lernens, sondern auch das Unterrichtsformat. Dabei stellte der starke Einsatz von digitalen Medien im Unterricht eine große Herausforderung dar, da Lehrerinnen und Lehrer davor kaum mit der Digitalisierung im Unterricht konfrontiert waren. Für die Beschreibung des neuen Phänomens „Unterricht unter Corona-Pandemie" liegen keine Theoriemodelle vor, deswegen werden bisher bekannte Modelle aus verwandten Forschungstraditionen wie das Homeschooling (vgl. Fischer et al. 2009), die Distance Education (vgl. Keegan 1986, S. 91), das Homework-Modell (Trautwein et al. 2006) und die Hausaufgabenpraxis (vgl. Kohler 2017) sowie neue implementierte Unterrichtsformen wie z.B. der Hybridunterricht (vgl. Sauter et al. 2004, S. 114) beschrieben. Der Fernunterricht unter Pandemiebedingungen stellt eine ganz neue Lehr-Lernsituation dar, jedoch mit viel Potential (vgl. Breitenbach 2021, S. 13). Mit der Digitalisierung ergeben sich neue, flexiblere Lernmöglichkeiten, Online-Kommunikation und Wissenstransfertools (Tengler et al. 2020, S. 3).

2.2 Schulpflicht vs. Anwesenheitspflicht

Es wurde eine Verordnung zum häuslichen Lernen erlassen mit dem Ziel, die Schulpflicht für Schülerinnen und Schüler auch unter den Corona-bedingt veränderten Bedingungen aufrechtzuerhalten (Kultusministerium - Corona-Verordnung 2020). Erziehungsberechtigte sind nach wie vor gemäß § 85 Abs. 1 Satz 1 SchG BW[7]

[7] vgl. SchG Schulgesetz für Baden-Württemberg (SchG) in der Fassung vom 1. August 1983 1983.

verpflichtet, ihren Kindern die Teilnahme an allen unterrichtlichen Veranstaltungen zu ermöglichen. Das gilt auch für das Format im Fernunterricht, gleich ob Homeschooling, Distanz- oder Hybridunterricht. Unter Pandemiebedingungen entscheiden jedoch die Eltern, ob sie ihre Kinder zum Präsenzunterricht in die Schule schicken wollen oder nicht, d.h. die Lernenden sind in dieser Zeit nicht schulpräsenzpflichtig (Kultusministerium 2020).

2.3 Lernen in Zeiten der Corona-Pandemie

Beim Homeschooling handelt es sich um die älteste Bildungsform der Welt. In den USA ist Homeschooling seit den achtziger Jahren des vergangenen Jahrhunderts eine legalisierte Alternative zum Schulbesuch (Spiegler 2008, S. 13). In Deutschland gab es bis Ende des 19. Jahrhunderts Kinder Adeliger und wohlhabender Familien, die zu Hause von den Eltern oder von Privatlehrern unterrichtet wurden, anstatt in die Schule zu gehen. Erst mit dem reformierten Schulgesetz der Weimarer Republik von 1919 wurde das Heimunterrichten untersagt (vgl. Spiegler 2008, S. 116; Fischer et al. 2009, S. 165). Jedoch gab es zahlreiche Befürworter der „Home Education"-Bewegung, die viel Widerstand gegen die eingeführte Schulpflicht leisteten. So kam es, dass sich erst mit der Zeit die institutionalisierte Beschulung der Heranwachsenden durchsetzen konnte und der Schule als Bildungsinstitution das Lernen vollständig übertragen wurde (Coleman 1990, S. 325; Fischer et al. 2009, S. 147). Allerdings steht der aufgrund der Corona-Pandemie eingeführte Fernunterricht in keiner Verbindung mit der damals praktizierten Form des „Homeschooling". Statt „Homeschooling" wird hier weiter der Begriff „Fernunterricht" verwendet. In der Phase des Pandemie-bedingten Fernunterrichts stellten Lehrerinnen und Lehrer den Lernenden Lerninhalte in digitaler Form zur Verfügung. In Verbindung mit einer Lernplattform haben die Lernenden und Eltern, die ihre Kinder unterstützen, die Möglichkeit, Lerninhalte immer wieder aufzurufen und das Lernen zu Hause selbständig in eigenem Tempo zu organisieren und möglichst stressfrei zu gestalten.

2.3.1 Lernen im Fernunterricht

Der Start der Beschulung als Fernunterricht verlief in den ersten Wochen der Schulschließung bei den meisten Schulen in Deutschland sehr holprig, weil für viele Schulen die Umstellung vom Präsenz- zum Online-Unterricht eine große Herausforderung war. Dafür war und ist die notwendige Netzabdeckung für die

Internetversorgung nicht optimal, aber auch geeignete digitale Lernkonzepte für den Fernunterricht waren nicht vorgesehen. Bei der Umstellung vom Präsenz- auf Online-Unterricht haben Lehrerinnen und Lehrer schnell reagiert und in kürzester Zeit mit vielfältigen Konzepten die Erstellung von Lerninhalten entwickelt (vgl. Retzler, S. 4).

Fernunterricht wird als eine gesetzlich geregelte Lehr- und Lernform definiert, bei der der Unterricht mit digitalen Anwendungen, festen Strukturen und intensiver Lehrer-Schüler-Beziehung sowie Teilnahmepflicht stattfindet. Der Unterricht erfolgt – wie im Präsenzunterricht – als strukturierter Vermittlungsprozess mit einer Lehrkraft unter Beteiligung der Lernenden (Kuhn 2021). Der gesetzliche Rahmen wurde durch Änderungen des jeweiligen Schulgesetzes der Länder eingeführt, um den Fernunterricht verbindlich und rechtskräftig zu regeln. So wird nach §2 Absatz 3 des Schulgesetzes NRW festgesetzt:

„Distanzunterricht dient dem Erreichen der schulischen Bildungs- und Erziehungsziele durch Vertiefen, Üben und Wiederholen sowie altersgemäß der Erarbeitung neuer Themen und der weiteren Entwicklung von Kompetenzen der Schülerinnen und Schüler. Er ist inhaltlich und methodisch mit dem Präsenzunterricht verknüpft. Distanzunterricht ist dem Präsenzunterricht im Hinblick auf die Zahl der wöchentlichen Unterrichtsstunden der Schülerinnen und Schüler sowie auf die Unterrichtsverpflichtung der Lehrkräfte gleichwertig“ (Ministerium für Schule und Bildung 2020).

Bei dieser Form des Lernens gestalteten Lehrerinnen und Lehrer den digitalen Unterricht über eine Videokonferenz mit der gesamten Klasse. Der Unterricht war für alle Schülerinnen und Schüler verbindlich, es herrschte Anwesenheitspflicht und mündliche Leistungen konnten erhoben werden. In Baden-Württemberg fand der Unterricht nach den Vorgaben des Kultusministeriums gemäß dem Stundenplan in allen Fächern der Stundentafel statt, jedoch sollte er nach Maß erfolgen und die Anzahl an Videokonferenzen pro Tag für die Lernenden so eingerichtet werden, dass sie mit den Aufgaben und dem Arbeitspensum nicht überfordert waren.[8] Manche Unterrichtsstunden konnten zur Abwechslung und Entlastung durch Arbeitsaufträge

---

[8] https://km-bw.de/site/pbs-bw-km-root/get/documents_E-1983194601/KULTUS.Dachmandant/KULTUS/KM-Homepage/Artikelseiten%20KP-KM/1_FAQ_Corona/Schreiben%20Min%20Schuljahr%2020_21/2020%2009%2014%20Anlage%20Qualit%C3%A4tsstandards%20Fernunterricht.pdf

oder weitere schulische Aktivitäten wie Lernvideos und Lernspiele ersetzt werden. Wichtig war, dass die Fachlehrerinnen und Fachlehrer mit ihren Schülerinnen und Schülern immer Rücksprache hielten, Termine vereinbarten oder Sprechstunden einrichteten, damit die Lernenden die Möglichkeit bekamen, ihre Schwierigkeiten beim Lernen zu besprechen, Fragen oder Verständnisprobleme zum Unterrichtsstoff zu klären oder ein Feedback über die eingereichten Aufgaben zu erhalten. Bei dieser Form des Lernens stellten Lehrerinnen und Lehrer Lernangebote bereit mit dem Ziel, dass die Schülerinnen und Schüler den Unterrichtsstoff eigenständig wiederholten, übten und vertieften. Bearbeitete Aufgaben wurden auf eine Lernplattform wie Moodle[9], SESAM[10], Jitsi[11] oder Microsoft-Teams[12] zur Korrektur hochgeladen.

2.3.2 Lernen im Hybridunterricht

Der Begriff Hybridunterricht bezeichnet die Verknüpfung von zwei Lernformen, es wird auch als ein „gemischtes Lernen“ bezeichnet. Dabei unterrichtet die Lehrkraft die Hälfte der Klasse im Präsenzunterricht und gleichzeitig die andere Hälfte online als Fernlernende. Diese Form des hybriden Lernens ist auch als „*Blended Learning*“ oder als „integriertes Lernen“ bekannt. Definiert wird das Konzept „als ein Lernen mit verschiedenen Medien und Methoden unter Einbezug von virtuellen und physischen Räumen“ (Reinmann 2011, S. 1). Eine umfassende Definition lautet "*Blended Learning ist ein integriertes Lernkonzept, das die heute verfügbaren Möglichkeiten der Vernetzung über Internet oder Intranet in Verbindung mit ‚klassischen‘ Lernmethoden und -medien in einem sinnvollen Lernarrangement optimal nutzt. Es ermöglicht Lernen, Kommunizieren, Informieren und Wissensmanagement, losgelöst von Ort und Zeit in Kombination mit Erfahrungsaustausch, Rollenspiel und persönlichen Begegnungen im klassischen Präsenztraining„* (Sauter et al. 2004, S. 68).

2.3.3 E-Learning und Blended Learning

E-Learning und digitale Lernmedien werden seit mindestens dem 20. Jahrhundert als wichtige Bestandteile zeitgemäßer Weiterbildungsstrategien in Unternehmen aber auch in den Hochschulen und im Bereich der beruflichen Weiterbildung (Gessler und

---

[9] https://moodle.de/
[10] https://sesam.lmz-bw.de/media-center-select
[11] https://meet.jit.si/
[12] https://www.microsoft.com/de-de/microsoft-teams/teams-for-home

Michelsen 2003, S. 15) beispielweise bei der Lehrerinnen- und Lehrerbildung eingesetzt (Perraton 2010, S. 5; Wagner et al. 2017, S. 162–166; Young et al. 2014, S. 28). Häufig wird E-Learning zwar als das Lernen mit lokal installierter Software verstanden aber eben auch als das Lernen im Internet (Petko et al. 2009, S. 188–189). Diese Form des Fernlernens hat einen hohen Anteil an selbstreguliertem Lernen und wird als Schlüsselkonzept konstruktivistisch orientierter Bildung bezeichnet (Mayes und Freitas 2004, S. 10).

Als pädagogisches Konzept wird *Blended Learning* seit etwa fünfzehn Jahren eingesetzt. Zahlreiche Software-Anwendungen können im Unterricht und bei der Gestaltung von Lerninhalten bzw. bei der Erstellung von interaktiven Lernmaterialien aber auch für Kommunikation und Kooperation, für Verteilung und Verknüpfung von Lehr- und Lernmaterialien, für die Vernetzung von Lehrenden und Lernenden eingesetzt werden (Graham 2006, S. 3; Reinmann 2011, S. 2).

2.3.4 Der Digitale Klassenraum 4.0

Über den Einsatz des Hybridunterrichts im Schulunterricht wurde aufgrund der erneuten Schulschließung ab Dezember 2020 intensiv diskutiert. Dabei entstand das pädagogisch-organisatorische Konzept „Digitaler Klassenraum 4.0“ zur Verknüpfung von Distanz- und Hybridunterricht während der COVID-19 Pandemie.[13,14] Das Ziel war, den Unterricht aus dem Klassenzimmer für die Schülerinnen und Schüler, die zu Hause im Fernunterricht lernten, zugänglich zu machen. Damit sollte den Lernenden ein attraktives Lehr-Lern-Angebot gemacht werden. Die Zuschaltung der beiden Lerngruppen erfolgte mittels Live-Stream. Jedoch gab es zahlreiche Fragen rechtlicher Natur, die für Distanz- bzw. Hybridunterricht beachtet werden sollten.[15] Bei der Verwendung von digitalen Kommunikationswerkzeugen müssen auf der Grundlage einer Nutzungsordnung geeignete Vorkehrungen gegen ein Mithören und die Einsichtnahme durch Unbefugte in Video- oder Telefonkonferenzen, Chats und E-Mails getroffen werden. Auch die Aufzeichnung von Bild-, Ton- oder

---

[13] https://hbbk-koeln.de/cms/images/corona/Konzept%20f%C3%BCr%20den%20Distanzunterricht.pdf

[14] https://kts-koeln.de/wp-content/uploads/2020/12/kts-modell_hybrid_und_distanzunterricht.pdf

[15] https://www.mebis.bayern.de/wp-content/uploads/sites/2/2020/05/Regeln-für-Videokonferenzen-1.png

Videoübertragungen sind nicht gestattet. Die Lehrkraft trägt die Verantwortung und sorgt dafür, dass die Einhaltung der Nutzungsbedingungen gewährleistet wird. (Bayerische Staatskanzlei 2021).

2.3.5 Das 4K-Modell des Lernens

Der Einsatz von mobilen Endgeräten eröffnete neue Lernszenarien für den Unterricht. Damit fand Unterrichtsentwicklung in der Schule statt, wenn Lernende durch den Einsatz moderner Unterrichtselemente neue Kompetenzen erwarben.[16]. Bildungsexperten beschreiben Kommunikation, Kollaboration, Kreativität und Kritisches Denken als die vier Kompetenzen, die für das Lernen im 21. Jahrhundert entscheidend sind.[17] Dieses sogenannte 4K-Modell (englisch *Four Cs* oder *4Cs* „*learning and innovation skills*") stellt ein neues Konzept dar, das das Lehren und Lernen im Internetzeitalter unterstützt und die Grundlagen für die aktuelle Forderung nach stärkerer Schüleraktivität und selbstgesteuertem, anwendungsnahen sowie kooperativem Lernen (Kerres et al. 2002) bildet.

2.4 Begrifflichkeiten und der Forschungsstand der Lernmotivations-, Anstrengungsvermeidungs- und Lernemotionsforschung

2.4.1 Lern- und Leistungsmotivation

Unter Lernmotivation werden jene Strukturen und Prozesse verstanden, die das Zustandekommen und die Effekte des Lernens oder der Lernhaltung erklären (Schiefele 1978, S. 28). Leistungsmotivation beschreibt die Bereitschaft, Leistung zu erbringen und die eigene Leistung an einem Gütemaßstab oder Standard zu messen und zu verbessern (Lipowsky und Lotz 2015, S. 164; Bak 2019, S. 132). Leistungsmotivation ist jedoch nicht mit „Fleiß", „Eifer" „Arbeitswille" oder „Strebsamkeit" gleichzusetzen. „Im traditionellen psychologischen Sinn wird vom leistungsmotivierten Verhalten gesprochen, wenn es auf die Selbstbewertung der eigenen Tüchtigkeit" zielt (Rheinberg 2002, S. 62). Motivation wird als eine „aktivierende Ausrichtung des momentanen Lebensvollzugs auf einen positiv

---

[16] https://schulbyod.de/kompetenzen-in-einer-digitalen-welt.html

[17] https://www.joeran.de/die-4k-skills-was-meint-kreativitaet-kritisches-denken-kollaboration-kommunikation/

bewerteten Zielzustand“ beschrieben (Rheinberg 2002, S. 62). Sie gilt als zentrales Konstrukt der Verhaltenserklärung und wird als „psychische Kraft“ bzw. Verhaltensbereitschaft bezeichnet (Schiefele und Schaffner 2015, S. 152), die zu einer positiven Einstellung oder einer Verhaltensänderung führt und insbesondere die Zielrichtung, die Ausdauer, die Persistenz und Intensität des Verhaltens beeinflusst (Schunk et al. 2008, S. 4; Heckhausen und Heckhausen 2010, S. 3). Dazu zählen auch die Bereitschaft zu selbstbestimmtem Lernen, das Interesse an selbstgesteuertem Lernen und die eigene Motivation als individuelle Eigenschaft, die jeder Lernende selbst mitbringt, um Leistung zu erbringen (vgl. Deci et al. 1993, S. 233).

2.4.2 Intrinsische und extrinsische Lernmotivation

In der Motivationsforschung werden zwei Formen der Motivation beschrieben: Die intrinsische und die extrinsische Motivation. Bei der inneren oder intrinsischen Motivation werden charakteristische Merkmale wie Neugierde oder Begeisterung beim Lernen beschrieben. Intrinsisch motivierte Schülerinnen und Schüler haben z.B. “Spaß daran, selbstständig zu lernen“ (vgl. Deci et al. 1993, S. 225).

Extrinsische Motivation ist die Absicht, eine Lernhandlung durchzuführen, weil damit positive Konsequenzen herbeigeführt oder negative Konsequenzen vermieden werden, z.B. „Ich lerne nur für die Prüfung“ oder „Ich möchte ein gutes Prüfungsergebnis erzielen, um meine Mutter nicht zu enttäuschen“ (Straka 2009, S. 2–3; Wild und Möller 2020, S. 155). Damit Lernprozesse in Gang gesetzt werden können, müssen motivationale Faktoren aktiviert werden. Dies setzt voraus, dass Schülerinnen und Schüler in der Lage sind, selbständig die notwendigen Ressourcen und Lernstrategien auszuwählen und diese bewusst anzuwenden und, wenn nötig, sie selbst zu regulieren und ihr Lernergebnis zu evaluieren (Arnold und Schüßler 1998, S. 90; Stübig et al. 2003, S. 72). Der Vollzug von Lerntätigkeiten hat einerseits einen positiven Einfluss auf die Selbstwertung indem es z.B. Freude bereitet, eine Handlung aus eigenem Entschluss auszuführen. Dabei liegt die Quelle des Verhaltens im eigenen Selbst, das heißt, das Selbst als Ort der Verhaltensverursachung (Rheinberg 2006, S. 334). Andererseits kann eine gute Leistung auch Einfluss auf die Fremdbewertung haben, wie z.B. auf die soziale Anerkennung durch den Lehrer (Wild und Möller 2020, S. 155). Jedoch kann die selbstbestimmte Motivation durch fremdbestimmte Belohnung zu einer Reduzierung der intrinsischen Motivation führen

(Deci und Ryan 1980, 1985). Das wurde von Lepper, Green und Nisbett (1973) als „Korrumpierungseffekt“ oder auch als Überveranlassungseffekt bezeichnet (Lepper et al. 1973). Abhängig von der Disposition der Schülerinnen und Schüler, sich für eine gewisse Zeit mehr oder weniger intensiv mit Lerninhalten zu beschäftigen, kommen andere Einflussfaktoren auf die Lern- und Leistungsmotivation hinzu. Diese sind zum einen die vorhandenen Kenntnisse und zum anderen die Anstrengungsbereitschaft, d.h. die Dauer und die Intensität der Bemühungen und die Intention, ein bestimmtes Ziel erreichen zu wollen (Looser 2011, S. 12). Solche individuellen Eigenschaften werden in der Regel als motivationale Disposition bezeichnet (Krapp 1992, S. 748). Das heißt es liegt in der Natur des Menschen, sich aktiv mit seiner Lebenswelt auseinander zu setzen und dabei Ziele anzustreben oder diese zurückzuziehen. Der Anreiz oder Trieb für das leistungsmotivierte Verhalten hängt jedoch von eigenen Handlungszielen (Intentionen), von der Selbstständigkeit, die Herausforderung zu bewältigen, sowie von handlungsbegleitenden Emotionen ab: Bei Erfolg z.B. Freude, Stolz und Zufriedenheit oder bei Misserfolg Frust, Beschämung, Wut und Niedergeschlagenheit (Heckhausen und Heckhausen 2010, S. 2; Brandstätter et al. 2013, S. 26).

Dabei entstehen Fragen wie: Sind Schülerinnen und Schüler motiviert, zu Hause zu lernen? Warum fällt es einigen Schülerinnen und Schülern leicht zu lernen, während anderen unter den gleichen Lernbedingungen das Lernen zu Hause schwerfällt? Um diese Fragen zu beantworten, wird im Folgenden ein Überblick über Forschungen, Analysen und Förderung selbstgesteuerten Lernens gegeben.

2.4.3 Selbstgesteuertes Lernen

Grundsätzlich lernen Schülerinnen und Schüler effizienter und autonom, wenn sie motiviert sind und in der Lage sind, ihren Lernprozess selbstständig zu steuern. Selbstreguliertes Lernen ist eine individuelle Form des Lernens, bei der die Lernenden in Abhängigkeit von der Qualität ihrer Lernmotivation eine oder mehrere Selbststeuerungsmaßnahmen (kognitiver, metakognitiver, volitionaler und verhaltensmäßiger Art) ergreifen und den Fortgang des Lernprozesses selbst regulieren und überwachen (vgl. Schiefele und Pekrun 1996, S. 258). Das Gelingen von selbstgesteuertem Lernen ist einerseits von den persönlichen Voraussetzungen des Lernenden abhängig, d.h. von eigenem Wissen, Fähigkeiten und Kompetenzen, anderseits von der Umwelt, in der der Lernprozess stattfindet. Für den Begriff „selbstgesteuertes" oder „selbstreguliertes Lernen" werden im deutschen Sprachraum unterschiedliche, verwandte und konzeptübergreifende Termini verwendet. Bekannt sind selbstgesteuertes Lernen, selbstbestimmtes Lernen, selbstorganisiertes Lernen, selbstkontrolliertes Lernen, selbsttätiges Lernen oder autonomes oder autodidaktisches Lernen. Im angelsächsischen Sprachraum werden Begriffe wie z. B. *self-regulated learning, self-directed learning, self-determined learning, independent study, individual education, self-guided learning, self-instruction, self-planned learning und self-teaching study* verwendet (Friedrich und Mandl 1997, S. 238–239). Eine Gemeinsamkeit dieser Terminologien ist, dass eine Abgrenzung zur Fremdsteuerung bzw. Fremdregulierung impliziert ist. Bei der Steuerung von Lernprozessen ist weder eine reine Fremdsteuerung möglich, da Lernende externe Informationen immer eigenaktiv kognitiv verarbeiten, noch eine reine Selbststeuerung, da sich Lernende mit externen Materialien, Quellen, Medien, Informationen etc. befassen, die die Lernaktivitäten zu einem gewissen Grad lenken und eigenständig beeinflussen (vgl. Knowles 1980, S. 30; Zimmerman 1989, S. 329; Simons 1992, S. 251; Schiefele und Pekrun 1996, S. 249; Friedrich und Mandl 1997, S. 238).

Anders als von behavioristischen Theorien postuliert, erfolgt das selbständige Lernen nicht in Abhängigkeit von äußeren Stimulus-Bedingungen, sondern durch aktives, konstruktives und autonomes Lernen. „Selbstgesteuertes Lernen" (engl. SRL, „*Self-Regulated Learning*") ist, wie Weinert (1982) formuliert hat, dadurch charakterisiert, dass die Lernenden als aktiv Handelnde für ihre Lernaktivitäten „die wesentlichen Entscheidungen wie, ob, wann und woraufhin gelernt wird, folgenreich beeinflussen können" (Weinert 1982, S. 102; Friedrich und Mandl 1997, S. 238). Den Lernenden auch die Verantwortung für die Stoffauswahl („was") und die Aufrechterhaltung der Lernmotivation zu überlassen, ist die Voraussetzung für selbstgesteuertes Lernen, auch wenn der Erwerb von Lernexpertise entsprechend langwierig ist. Sie werden dafür befähigt:

- Die Planung und adaptive Nutzung von kognitiven, metakognitiven, motivationalen und verhaltensbezogenen Strategien einzusetzen.
- Selbständig Information auszuwählen und zu verarbeiten.
- Den eigenen Lernprozess zu beobachten und zu überwachen sowie ihr Vorgehen beim Auftreten von Schwierigkeiten zu korrigieren

- Lernstrategien flexibel einzusetzen (Pintrich und Groot 1990, S. 33–34; Zimmerman 1990, S. 4–5; Bråten 1993, S. 218; Baumert 1993, S. 327–328).

2.4.4 Lernstrategien

Der Terminus „Lernstrategie" beschreibt ein Konzept, das Verhaltensweisen (Lernformen, Lernstile, Lernfertigkeiten) umfasst, die zur Bewältigung von Lernaufgaben dienen und eigenständig eingesetzt werden können (Wild und Klaus-Peter 2005, S. 194). Weinstein und Mayer (1986) verstehen unter Lernstrategien sowohl Verhaltensweisen wie auch Kognitionen, die Lernende intentional zur Beeinflussung ihres Wissenserwerbs einsetzen (Weinstein und Mayer 1986, S. 315). Ähnlich definiert Wild Lernstrategien als jene Verhaltensweisen und Kognitionen, die von Lernenden aktiv zum Zweck des Wissenserwerbs eingesetzt werden (Wild 2006, S. 427). Lernstrategien unterstützen und optimieren den Lernprozess und sie steigern die Lerneffizienz, indem sie zielgerichtet, flexibel und situationsgerecht eingesetzt werden (Streblow und Schiefele 2006, S. 352; Martin 2012, S. 5; Nicolaisen 2016, S. 115). Es werden drei Lernstrategien unterschieden: Kognitive und metakognitive Strategien sowie Strategien zum Ressourcenmanagement (vgl. Hasselhorn 1992, S. 36–37; vgl. Friedrich und Mandl 1997, S. 241–245).

1. *Kognitive Strategien* umfassen jene Lernprozesse, die der unmittelbaren Informationsaufnahme, -verarbeitung und -speicherung dienen. Zu diesen zählen auch:

Wiederholungsstrategien oder Memorierungsstrategien: Diese dienen zur aktiven Wiederholung, Verankerung und Abspeicherung von Wissen.

Organisationsstrategien: Sie dienen zur Verarbeitung, Reorganisation und Veranschaulichung von Fakten z.B. in Form von Diagrammen, Skizzen und Tabellen.

Elaborationsstrategien: Sie haben die Aufgabe, neu aufgenommenes Wissen aktiv in der bestehenden Wissensstruktur zu integrieren.

Kritisches Denken und Prüfen: Diese dienen dazu, Lerninhalte kritisch zu hinterfragen und Zusammenhänge zu überprüfen.

2. Metakognitive Strategien sind Lernstrategien, die zur Selbststeuerung, Selbstkontrolle und Selbstregulierung des Lernens dienen. Es werden drei wesentliche metakognitive Strategien unterschieden:

a. Strategien der Planung. Sie beziehen sich auf die Bestimmung der *Lerninhalte*, die gelernt werden sollen, auf das Vorgehen, d.h. es werden die Arbeitsabfolge und die Verwendung spezifischer *Lerntaktiken* bestimmt.

b. Strategien der Überwachung: Mit ihrer Hilfe werden qualitative und quantitative Lernfortschritte überprüft.

c. Strategien der Regulation: Sie dienen zur Anpassung des Lernverhaltens. Bei schwierigen Lernsituationen können die Lernenden Maßnahmen zur Korrektur und Überarbeitung von Lernstrategien ergreifen (Schiefele und Pekrun 1996).

3. Strategien zum Ressourcenmanagement: Sie umfassen Selbstmanagementkompetenzen für die Organisation von Lernaktivitäten. Ressourcenbezogene Lernstrategien werden nach externen und internen Ressourcen unterteilt.

2.4.5 Selbstorganisation des Lernens

Das Konzept der Selbstorganisation ist offener und weiter gefasst als der Begriff des Selbstgesteuerten Lernens. Dabei werden die institutionellen und organisatorischen Rahmenbedingungen des Lernens durch die Lernenden bestimmt und sind nicht – wie beim selbstgesteuerten Lernen – von außen festgelegt" (Dehnbostel 2008, S. 74; Sembill und Seifried 2006, S. 96).

Selbstorganisationsprozesse schließen selbstgesteuerte und selbstregulierte Prozesse mit ein (Sembill und Seifried 2006, S. 97). Jedoch werden diese Prozesse genauer differenziert, da die Steuerung sich auf ein vorher zumindest in Umrissen festgelegtes Ziel bezieht, welches entweder selbst oder fremd gesetzt werden kann. Dazu kommen Operationen und Strategien der Informationsbearbeitung, um die Ziele zu erreichen, sowie Kontrollprozesse am Ende des Lernprozesses wie Vergleich, Bewertung und Auswertung von Rückmeldungen (Erpenbeck und Heyse 1999, S. 131).

2.5 Lernemotionen

2.5.1 Gegenstand der Emotionspsychologie

Intensive Erforschung und Beschreibungen des Begriffs „Emotion“ sind zum Teil derart heterogen, dass unter derselben Bezeichnung ganz unterschiedliche Phänomene untersucht werden. Forschungsarbeiten aus unterschiedlichen Disziplinen (Philosophie, Soziologie, Psychologie, Neuropsychologie und Pädagogische Psychologie) ergaben etwa 100 verschiedenen Definitionen, Theorien und Modelle zum Begriff Emotion“. Kleinginna und Kleinginna (1981) haben daraus eine zusammenfassende Arbeitsdefinition vorgeschlagen, die lautet:

„Emotion is a complex set of interactions among subjective and objective factors, mediated by neural-hormonal systems, which can
(a) give rise to affective experiences such as feelings of arousal, pleasure/displeasure;
(b) generate cognitive processes such as emotionally relevant perceptual effects, appraisals, labeling processes;
(c) activate widespread physiological adjustments to the arousing conditions; and
(d) lead to behavior that is often, but not always, expressive, goal-directed, and adaptive“.

Zu Deutsch: "Emotionen haben sowohl subjektive als auch objektive Komponenten, die neuronal und hormonell vermittelt sind. Zu diesen Komponenten zählen Gefühle, die zwischen Erregung und Beruhigung bzw. Lust und Unlust variieren. Dazu gehören auch kognitive Prozesse der Bewertung sowie physiologische Reaktionen wie eine Erweiterung der Blutgefäße oder eine Veränderung der Herzfrequenz. Diese physiologischen Reaktionen stoßen eine Anpassung an jene Bedingungen an, die die Erregung hervorgerufen haben. Sie bereiten z. B. den Körper bei Gefahr auf eine Flucht vor. Das resultierende Verhalten ist dann zielgerichtet, expressiv und adaptiv (Kleinginna und Kleinginna 1981, S. 355). Eine ähnliche Definition wurde auch von Frenzel und Stephen (2011) formuliert: „Emotionen sind mehrdimensionale Konstrukte, die aus affektiven, physiologischen, kognitiven, expressiven und motivationalen Komponenten bestehen“ (Frenzel und Stephen 2011, S. 20):

2.5.2 Arten von Emotionen

Man unterscheidet zwei Arten oder Formen von Emotionen: Die Basisemotionen, auch als primäre oder universelle Emotionen bekannt, sind in ihrem Ausdruck weitgehend universelle Prozesse. Ekman postulierte die Existenz von sieben angeborenen Basisemotionen: Freude, Traurigkeit, Wut, Angst, Überraschung, Ekel und Verachtung (Ekman 2010). Sekundäre, soziale Emotionen aber auch „*self-conscious emotions*" wie Stolz, Arroganz, Demut, Schüchternheit, Verzweiflung Mitgefühl, Verlegenheit, Scham, Stolz, Eifersucht, Liebe, Neid, Dankbarkeit oder Bewunderung sind durch Erziehung und Sozialisation erlernt und folglich ein Resultat individueller Entwicklung. Sie sind im interkulturellen Vergleich nicht eindeutig erkennbar und können von Land zu Land unterschiedlich aussehen (vgl. Huber 2017, S. 90).

2.5.3 Emotionen in der Schule

Mit Wut reagierte der Schüler als ihm seine Klassenarbeit wegen eines Täuschungsversuchs abgenommen wurde. Statt leise und unbemerkt den Raum zu verlassen, hat er geschrien: „entweder lassen Sie mich jetzt weiterschreiben, oder ich komme mit meinem Vater"! Die Situation hat beim Schüler massive Emotionen ausgelöst. Dabei hat jede seiner Emotionen ein Signal gesendet; am stärksten äußerten sie sich in der Stimme und im Gesicht, wie von Eckman beschrieben: Ein rotes Gesicht, heruntergezogene Augenbrauen, zusammengekniffene Augen mit direktem drohenden Blick, die Nasenflügel weit auseinander stehend, die Lippen zusammengepresst (Ekman 2010, S. 16). Das Verhalten des Schülers war zunehmend aggressiv und impulsiv; seine Stimme laut und schrill. Mit vielen weiteren Beispielen kann das Erleben von Emotionen in der Schule dargestellt werden. Die etymologische Wurzel des Wortes „Emotion" (vom Lateinischen „motio" = Bewegung) weist darauf hin, dass eine emotionale Person „innerlich bewegt" ist. Jeder Emotion folgt eine passende Tendenz zur Handlung, etwa jemandem eine Ohrfeige geben zu wollen, wenn man wütend ist (Bosley und Kasten 2018, S. 17). Offensichtlich nimmt das Erleben angenehmer, so genannter positiver Emotionen während der Schulzeit kontinuierlich und bereits im Laufe der ersten Schuljahre ab (vgl. Fickermann und Helm 2020), im Bewusstsein bleiben jedoch sämtliche Situationen des Schulalltags, die von negativen Emotionen – Emotionen, die als unangenehm erlebt werden – dominiert werden. Vor allem ist Langeweile die häufigste erlebte Emotion in der Schule (vgl.

Bergmann und Eder 1995, S. 169). Emotionen begleiten unser Leben, sind ein essenzieller Bestandteil unsers Lebens, beeinflussen unser Denken und Handeln und regulieren die Aktivierung, die Antriebskraft und das Verhalten der Menschen (vgl. Seidel 2004, S. 11) aber auch das Lernen, das Lernverhalten und die kognitiven Prozesse der Schülerinnen und Schüler (vgl. Pekrun 2017, S. 215). Nach Lazarus, Kanner und Folkmann (1980) werden Emotionen aufgrund der Beziehung einer Person zu ihrer Umwelt konstruiert. Nach ihrer Auffassung werden Emotionen „als ein komplexer, organisierter Zustand, der aus kognitiver Einschätzung (appraisal), Handlungsimpulsen und körperlichen Reaktionen besteht", beschrieben (vgl. Lazarus et al. 1980, S. 193). Manche Emotionen treten als Ausdruck bestimmter Situationen in Erscheinung. Dagegen sind Mimik und Gesichtsausdrücke unbewusste Emotionen, die sich je nach Kultur unterscheiden (vgl. Ekman 2010, S. 1).

2.5.4 Einfluss der Lernemotionen auf das Lernen

Die Lernbereitschaft von Schülerinnen und Schülern ist von ihrer emotionalen Grundsituation abhängig. Dabei können qualitative und quantitative Aspekte des Lernprozesses jedoch auch von der Affektlage beeinflusst werden: „Je positiver die lernbezogenen Erfahrungen und die Lernemotionen der Schülerinnen und Schüler, desto stärker sind die intrinsische Lernmotivation und die Lernfreude ausgeprägt, desto häufiger werden zielführende Lernstrategien angewandt und desto erfolgreicher verläuft der Lernprozess" (vgl. Schmitz und Wiese 1999, S. 157). Andererseits liegen die Entstehungsbedingungen von Prüfungsangst als negative Emotion bei den Schülerinnen und Schülern selbst. Dabei handelt es sich um den Faktor der individuellen Kontroll- und Wertüberzeugung der eigenen Fähigkeiten (vgl. Pekrun und Götz 2006, S. 249). Nach Bandura ist der Kontrollfaktor äquivalent zur Selbstwirksamkeit (vgl. Bandura 1977, S. 191). Auf der anderen Seite liegen die Entstehungsbedingungen von Prüfungsangst in der jeweiligen Lern- und Sozialumgebung. Neben der Weitergabe von Erbanlagen der Eltern begünstigen eine mangelnde Struktur der Lernumgebungen, zu hohe Schwierigkeitsgrade der Lernaufgaben, Häufigkeit und faktischer Stellenwert von Prüfungen aber auch mangelnde Transparenz, Unklarheiten von Prüfungsaufgaben, Prüfungsmodalitäten und Prüfungsanforderungen u.v.a. einen erlebten Kontrollverlust und damit Ängste bei Schülerinnen und Schülern (Covington 1992; Zeidner 1998; Pekrun und Götz 2006, S.

250). Erfolgs- und Misserfolgserlebnisse gehören zur Normalität von Schülerinnen und Schülern. Jedoch stellt Fend (1999) beim Vergleich zwischen Schülerinnen und Schülern, die dauerhaft Erfolgserlebnisse bekommen (Notenschnitt überdurchschnittlich), mit anderen, die dauerhaft Misserfolgserlebnisse haben (Notenschnitt unterdurchschnittlich), fest, dass leistungsstarke Schülerinnen und Schüler ein positiveres Begabungsselbstkonzept und höhere schulische Selbstwirksamkeitsüberzeugungen aufweisen sowie seltener Leistungsängste und somatische Belastungen empfinden. Außerdem zeigen sie sich in ihrem Leben insgesamt zufriedener als die Schülerinnen und Schüler, die dauerhaft Misserfolge erleben (vgl. Fend 1997, S. 266). Schülerinnen und Schüler mit positiven Leistungserwartungen und einem positiven Selbstkonzept sind in der Lage, im Vergleich zu solchen mit negativen Leistungserwartungen zuversichtlicher bei Prüfungen anzutreten, denn sie verfügen über eine so hohe Motivationsqualität, dass sie sich auch bei Schwierigkeiten und Misserfolgen nicht leicht enttäuscht und niedergeschlagen fühlen. Im Gegenteil, sie fühlen sich bei Misserfolgen herausgefordert (vgl. Schwarzer und Jerusalem 2002, S. 28–29). In diesem Zusammenhang nimmt Boekaerts (1999) an, dass Schülerinnen und Schüler mit hoher intrinsischer Motivation und/oder einem positiven Selbstkonzept in der Lage sind, ihre negativen Emotionen eigenständig und problembezogen zu regulieren und ihre positiven Emotionen aktiv aufrechtzuerhalten. Während desinteressierte, vorwiegend extrinsisch motivierte Schülerinnen und Schüler pessimistisch bezüglich ihrer Fähigkeiten sind (Boekaerts 1999, S. 180). Selbstwirksamkeitserwartung (*self-efficacy-belief, perceived self-efficacy*) ist ein Schlüsselfaktor für den schulischen Erfolg, denn Schülerinnen und Schüler sind von ihren eigenen Fähigkeiten überzeugt, schwierige Lernsituationen erfolgreich zu bewältigen und trauen sich auch in Zukunft solche Situationen zu (vgl. Egger 2015a, S. 283).

Unter Lernemotionen werden Emotionen verstanden, die durch das Lernen selbst ausgelöst werden, z.B. Freude über ein gelungenes Experiment. Ergebnisemotionen dagegen sind diejenigen Emotionen, die sich auf das Resultat eines Lernergebnisses beziehen, z.B. Freude über die gute Note in der Klausur. Schülerinnen und Schüler erleben in der Schule kontinuierlich und im Laufe ihrer Schulzeit immer wieder positive Emotionen wie Freude, Begeisterung, Neugierde, Hoffnung, Erfolg und Stolz auf vollbrachte Leistungen. Aber auch negative Emotionen wie Angst, Scham,

Hoffnungslosigkeit oder Langeweile gehören zum Schulalltag (Pekrun 2017, S. 215). Neben Sach- und Fachkompetenzen werden in der Schule auch motivationale und emotionale Faktoren gefördert. Aber in welchem Zusammenhang stehen Emotionen, Lernen, und Lernerfolg?

2.5.5 Zusammenhang zwischen Emotionen und Kognition

Ein direkter Zusammenhang zwischen Emotionen und Kognition wird durch Theorieansätze der pädagogisch-psychologischen Forschung dargestellt. Diese stellt fest, dass Emotion und Kognition zwei Aspekte des menschlichen Handelns sind, wobei Emotionen als postkognitiv aufgefasst werden, da sie erst auftauchen, nachdem eine Reihe von kognitiven Prozessen somatischer, physiologischer, neurophysiologischer aber auch evolutionärer Natur stattfanden (Damasio 2018).

Die experimentelle Emotionsforschung zeigt, dass Emotionen eine Vielzahl von kognitiven Prozessen beeinflussen, die für Lernen und Leistung entscheidend sind. Sie steuern kognitive Prozesse wie Aufmerksamkeit, aktivieren Lernprozesse im Arbeitsgedächtnis sowie Speicherung und Abruf von Inhalten aus dem Langzeitgedächtnis und befördern oder reduzieren die Selbstregulation und die Nutzung von Lern- und Problemlösungsstrategien (vgl. Linnenbrink-Garcia und Pekrun 2014, S. 70; vgl. Meinhardt und Pekrun 2003, S. 217). Das Erleben von positiven Emotionen beim Lernen wie Freude, Zufriedenheit, Hoffnung, Erleichterung oder Stolz, führen zu einem erfolgreichen Wissens- und Fertigkeitserwerb. Dieses Gefühl der Kompetenz, der sozialen Eingebundenheit und der Autonomie wird von Csikszentmihalyi (1990) als Flow-Konzept beschrieben. Im Flow-Zustand erleben Schülerinnen und Schüler hohe Aufmerksamkeit und eine hohe Bereitschaft, Informationsprozesse effizienter zu regulieren. Dagegen werden Lernumgebungen und negative Lernsituationen vermieden, bei welchen Kompetenz, Integration und Autonomie wenig oder kaum erlebt werden (Csikszentmihaly 1990). Bei Misserfolg erleben Schülerinnen und Schüler Enttäuschung, Wut, Frust, Langeweile oder Angst. Leistungsbezogene Misserfolge können gesundheitliche, emotionale und praktische Konsequenzen haben, die zu emotionalen Störungen, psychosomatischen Beschwerden, Niedergeschlagenheit, Schulverweigerung bis hin zu schulischem oder auch beruflichem Drop-out führen (Ziegler und Schober 2001).

2.6 Anstrengungsvermeidung

Schülerinnen und Schüler erleben Ihre Lernprozesse mit vielen verschiedenen Emotionen, die das Lernen in der Schule oder zu Hause behindern oder fördern (vgl. Sann und Preiser 2016, S. 219). Während intrinsisch motivierte Schülerinnen und Schüler abhängig von den eigenen Fähigkeiten und ihrer motivationalen Bereitschaft die Selbstregulation ihres Lernens in die Hand nehmen, zeigen Schülerinnen und Schüler mit einer niedrigen Motivationskraft mangelnde Lernbereitschaft und entsprechend ihrer schwachen Lernmotivation eine Tendenz zur Anstrengungsvermeidung. Nach Rollett und Bartram (1996) handelt es sich um ein Verhalten, das für sich kein neues Phänomen darstellt, sondern um eine Überlebensstrategie, bei der eine aktive Vermeidung von Handlungen angestrebt wird, z.B. um sich Leistungsdruck oder jeder Art von (schulischer) Belastung zu entziehen (Rollett und Bartram 1998). Ziel der Anstrengungsvermeidung ist, sich bewusst vor Überlastungen zu schützen und sämtliche alternativen Handlungsmöglichkeiten zu vermeiden (vgl. Rollett 2004, S. 1). Demnach liegt der typische Fall eines extrinsisch motivierten Schülers vor, wenn die Handlung hauptsächlich erfolgt, um eigenen oder fremden Leistungsansprüchen zu genügen, um z.B. negative Bewertungen von Eltern und Lehrern zu verhindern (vgl. Schiefele und Schreyer 1994, S. 2). Um die Erledigung der Handlung werden jedoch subtilere Strategien angewendet, um die Anstrengung zu vermeiden: „wenn ich eine Arbeit nicht machen kann, versuche ich zu erreichen, dass jemand anderes sie erledigt“ (Rollett und Bartram 1998). Deshalb definieren Rollett und Bertram (1998) Anstrengungsvermeidung als „die Tendenz, sich den mit dem Leistungseinsatz in bestimmten Tätigkeitsfeldern verbundenen, emotionell negativ erlebten Anstrengungen durch den aktiven Einsatz geeigneter Vermeidungsstrategien zu entziehen“ (vgl. Rollett und Bartram 1998, S. 7–8). Intrinsisch motivierte Schülerinnen und Schüler haben dagegen den Wunsch und die Absicht, eine bestimmte Lernhandlung um ihrer selbst willen durchführen, weil die Erledigung der Aufgabe Spaß macht, oder weil sie interessant und erfüllend ist (vgl. Deci et al. 1993, S. 226). Die Erfüllung der Handlung stellt nach Csikszentmihalyis Theorie (siehe Theorieteil 2.5.5) das Flow-Erleben als die eigene Belohnung dar (Csikszentmihaly 1990). Durch Anstrengungsvermeidungshaltungen erfahren Schülerinnen und Schüler ein „Antiflow-Erlebnis“ (Rollett 1996), jedoch stellen Rollett und Bartram fest, dass selbst Personen mit einer hohen Anstrengungsvermeidungsmotivation in Bereichen, in welchen sie sehr wohl Interesse aufbringen und die mit positiven Gefühlen behaftet sind, regelrecht aufblühen und sogar hohe Leistungen erzielen können. Bezüglich motivationalen, kognitiven und emotionalen Eigenschaften zeigen Schülerinnen und Schüler mit Anstrengungsvermeidungsverhalten mangelndes Interesse, emotionale Vernachlässigung, schlechte Schulleistung und zudem nehmen sie eine zunehmend apathische Haltung ein und sind in ihrer Arbeitsweise desorganisiert (Rollett und Bartram 1998).

3 Ziel der Untersuchung und Herleitung der Forschungsfragen und Hypothesen

Die Schulschließungen aufgrund der Corona-Pandemie haben Eltern, Kinder und Jugendliche ebenso wie Schulen vor große Herausforderungen gestellt. Diese neue Situation hat aber auch viele Freiheiten im Lernprozess ermöglicht, wodurch viele neue Konzepte und Impulse für Unterricht und Schulentwicklung entstanden sind (s. Kapitel 2.3). Im Prinzip ging es darum, zu lernen, neue und schwierige Anforderungssituationen auf der Basis eigener Kompetenzen bewältigen zu können. Das entspricht dem Prinzip der Selbstwirksamkeit von Bandura, das er als Schlüsselkomponente seiner sozial-kognitiven Theorie beschreibt (Bandura 1977). Danach werden individuelle kognitive, motivationale, emotionale und aktionale Prozesse durch subjektive Überzeugungen gesteuert. So muss man besonders stark durch das Coronavirus veränderte Lernbedingungen als herausfordernde „Anforderungssituation, deren Schwierigkeitsgrad Handlungsprozesse der Anstrengung und Ausdauer für die Bewältigung erforderlich macht“ betrachten (Schwarzer und Jerusalem 2002, S. 35). Neben diesen Persönlichkeitsmerkmalen gibt es weitere Faktoren der schulischen bzw. häuslichen Lernsituation wie z.B. technische Ausstattung, Arbeitsplatz oder Elternunterstützung, die die Lernemotionen, Lernmotivation, Leistung, Anstrengungsvermeidung und Selbstregulationsprozesse beeinflussen (vgl. Schunk 1985; Zimmerman 2000). Das Ziel dieser Arbeit ist, in diesem Kontext empirisch zu untersuchen, ob das Verhalten von Schülerinnen und Schülern beim Lernen zu Hause signifikant beeinflusst wurde, wobei auch mögliche Unterschiede zwischen den Geschlechtern in Betracht gezogen werden. Dabei werden folgende Aspekte näher betrachtet Lernsituation, Lernbedingungen, Ausstattung der Haushalte, Anstrengungsvermeidung, Lernmotivation, Lernemotionen, Aufmerksamkeit beim Lernen und Rückmeldungen von Lehrern. Darüber hinaus wird untersucht, ob zwischen den Geschlechtern Unterschiede in Lernverhalten und Lernleistung erkennbar sind. In früheren Untersuchungen fanden sich Geschlechterunterschiede. Beispielsweise wurde bei der Anstrengungsvermeidung gezeigt, dass Jungen ein stärker ausgeprägtes Anstrengungsvermeidungsverhalten als Mädchen zeigen (vgl. Rollett 1994; Sirisch und Jirasko 1996; Rollett und Bartram 1998). Zum Thema Lernfreude zeigten Untersuchungen, dass Mädchen mehr

Lernfreude als Jungen haben (vgl. Lehrl und Richter 2018, S. 62; Helmke 1993). Aus Sicht der Motivations- und Emotionsforschung besteht eine Wechselwirkung zwischen Emotionen und Motivation aber auch zwischen Emotionen und Lernen (vgl. Pintrich 2000; Hascher 2005, S. 613). Im diesem Zusammenhang ergeben sich die folgenden Forschungsfragen und Hypothesen ($H_{0.0}$) dieser Arbeit:

Forschungsfrage 1:

Wie lassen sich Leistungsunterschiede aufgrund des Lernaufwands der Schülerinnen und Schüler beim Lernen zu Hause feststellen?

$H_{1.0}$ Zwischen dem Lernaufwand der Schülerinnen und Schüler beim Lernen zu Hause und dem selbsteingeschätzten Lernerfolg gibt es keine signifikante Korrelation.

$H_{1.1}$ Zwischen dem Lernaufwand der Schülerinnen und Schüler beim Lernen zu Hause und dem selbsteingeschätzten Lernerfolg gibt es eine signifikante Korrelation.

$H_{1.2}$ Zwischen den Geschlechtern besteht kein signifikanter Unterschied bezüglich des Lernaufwands der Schülerinnen und Schüler beim Lernen zu Hause.

$H_{1.3}$ Zwischen den Geschlechtern besteht ein signifikanter Unterschied bezüglich des Lernaufwands der Schülerinnen und Schüler beim Lernen zu Hause.

Forschungsfrage 2:

Wurden Anstrengungsvermeidung, Lernmotivation und Lernemotionen bei Schülerinnen und Schülern durch die Lernsituation zu Hause unterschiedlich beeinflusst?

$H_{2.0}$ Zwischen den Geschlechtern besteht durch die Lernsituation zu Hause kein signifikanter Unterschied in den Mittelwerten bei Anstrengungsvermeidung, Lernemotionen und Lernmotivation.

$H_{2.1}$ Zwischen den Geschlechtern besteht durch die Lernsituation zu Hause ein signifikanter Unterschied in den Mittelwerten bei Anstrengungsvermeidung, Lernemotionen und Lernmotivation.

Forschungsfrage 3:

Bestehen zwischen selbsteingeschätztem Lernerfolg und Lernmotivation, Lernemotionen sowie Anstrengungsvermeidung signifikante Zusammenhänge?

$H_{3.0}$ Zwischen der selbsteingeschätzten Note für den Lernerfolg und Lernmotivation, Lernemotionen sowie Anstrengungsvermeidung besteht keine signifikante Korrelation.

$H_{3.1}$ Zwischen der selbsteingeschätzten Note für den Lernerfolg und Lernmotivation, Lernemotionen sowie Anstrengungsvermeidung besteht eine signifikante Korrelation.

$H_{3.2}$ Zwischen den Geschlechtern besteht kein signifikanter Unterschied zwischen dem selbsteingeschätzten Lernerfolg und Lernmotivation, Lernemotionen sowie Anstrengungsvermeidung.

Forschungsfrage 4:

Welchen Einfluss haben positive beziehungsweise negative Emotionen auf Lernaufwand, Lernmotivation und Anstrengungsvermeidung?

$H_{4.0}$ Zwischen positiven beziehungsweise negativen Emotionen und Lernaufwand, Lernmotivation und Anstrengungsvermeidung besteht keine signifikante Korrelation.

$H_{4.1}$ Zwischen positiven beziehungsweise negativen Emotionen und Lernaufwand, Lernmotivation sowie Anstrengungsvermeidung besteht eine signifikante Korrelation.

Forschungsfrage 5:

Lässt sich eine signifikante Korrelation zwischen der technischen Ausstattung und Lernmotivation, Lernemotionen sowie Anstrengungsvermeidung beim Lernen zu Hause feststellen?

$H_{5.0}$ Zwischen der technischen Ausstattung und Lernmotivation, Lernemotionen sowie Anstrengungsvermeidung bestehen keine signifikante Korrelation.

$H_{5.1}$ Zwischen der technischen Ausstattung und Lernmotivation, Lernemotionen sowie Anstrengungsvermeidung bestehen signifikante Korrelationen.

Forschungsfrage 6:

Besteht zwischen der technischen Ausstattung und der selbsteingeschätzten Note für den Lernerfolg eine signifikante Korrelation?

$H_{6.0}$ Zwischen der technischen Ausstattung und der selbsteingeschätzten Note für den Lernerfolg besteht keine signifikante Korrelation.

$H_{6.1}$ Zwischen der technischen Ausstattung und der selbsteingeschätzten Note für den Lernerfolg besteht eine signifikante Korrelation.

$H_{6.2}$ Zwischen den Geschlechtern besteht kein signifikanter Unterschied in der Korrelation zwischen der selbsteingeschätzten Note für den Lernerfolg beim Lernen zu Hause und der technischen Ausstattung.

$H_{6.3}$ Zwischen den Geschlechtern besteht ein signifikanter Unterschied in der Korrelation zwischen der selbsteingeschätzten Note für den Lernerfolg beim Lernen zu Hause und der technischen Ausstattung.

4 Methodik

4.1 Messinstrument Fragebogen

Im Rahmen des Forschungsvorhabens wurde ein Fragebogen entwickelt, der eine quantitative Datenerhebung mit relevanten Fragestellungen zu Lernsituation und Lernbedingungen der Schülerinnen und Schüler in Zeiten der Covid-19-Pandemie ermöglichen sollte. Die Überlegung war, ein mehrdimensionales Konstrukt zu entwickeln, um das Lernverhalten der Schülerinnen und Schüler beim Lernen zu Hause zu untersuchen. Da das Lernen bei den Schulschließungen, die meiste Zeit zu Hause und je nach Inzidenzzahlen der Coronavirus-Infektion teilweise in der Schule stattgefunden hat, sollte es anhand des Fragebogens möglich sein, zu erkennen, wie die Lernmotivation unter diesen Lernbedingungen beeinflusst wurde. Welche Emotionen haben Schülerinnen und Schüler beim Lernen zu Hause gehabt, waren sie manchmal wütend, zum Beispiel weil die Menge an Aufgaben in der vorgegebenen Zeit nicht zu schaffen war? Oder waren sie stolz über den Lernerfolg beim selbstständigen Lernen? Die Auswahl, die Modifizierung und die Entwicklung von Items zum Aufbau eines eigenen Messinstruments erfolgte in Anlehnung an die repräsentative Umfrage des Deutsches Schulbarometer Spezial zur Corona-Krise[18] (vgl. Huber und Helm 2020a, S. 39). Zur Untersuchung der Anstrengungsvermeidung von Schülerinnen und Schülern beim Lernen zu Hause diente eine kurze Version des Anstrengungsvermeidungstests von Rollett und Bartram (1998) (vgl. Rollett und Bartram 1998).

4.2 Struktur des Fragebogens

Der eingesetzte Fragenbogen bestand aus 95 Items, die quantitativ ausgewertet werden können (s. Anhang 9.3). Diese Items enthalten Aussagen, die die Einstellung von Schülerinnen und Schülern zu Motivation und Verhalten beim Lernen zu Hause unter den Bedingungen der Corona-Pandemie beschreiben und nach ihrem Grad des Zutreffens bewertet werden sollen.

---

[18] https://deutsches-schulportal.de/unterricht/lehrer-umfrage-deutsches-schulbarometer-spezial-corona-krise-folgebefragung/

Zur Erfassung der Sozialdaten sollten die Schülerinnen und Schüler zunächst ihr Alter, ihr Geschlecht und ihre Klassenstufe angeben. Es wurde den Lernaufwand, den Schülerinnen und Schüler für schulische Aufgaben pro Tag aufzuwenden haben, erhoben. Zur Auswahl standen fünf Möglichkeiten: Unter einer Stunde, bis zu einer Stunde, bis zu zwei Stunden, bis zu drei Stunden, bis zu vier Stunden oder über fünf Stunden. Danach sollten die Schülerinnen und Schüler Aussagen bewerten, die ihre Lernsituation zu Hause beschreiben. Dafür sollten sie auf einer vierstufigen Antwortskala „stimmt nicht"; „stimmt eher nicht"; „stimmt eher" oder „stimmt" auswählen und ankreuzen. Gefragt wurde jeweils, inwieweit die folgenden Aussagen auf die Schülerinnen und Schüler zutreffen.

Der erste Abschnitt enthält elf Items zur Lernsituation zu Hause. Die Fragen beziehen sich auf die Organisation des Lernens zu Hause nach einem festgelegten Stundenplan, sowie festgelegten Zeiten für Videokonferenzen für den Unterricht. Mit den Fragen zur Lernplattform Moodle wird erhoben, ob Schülerinnen und Schüler wissen, an welcher Stelle auf Moodle sie ihre Daten hochladen können, und ob sie von den Lehrerinnen und Lehrern die Informationen über die möglichen Dateiformate für die Speicherung und Abgabe von Dateien auf Moodle erhalten haben.

Der zweite Abschnitt besteht aus elf Items zum Lernen zu Hause. Hier werden Fragen zur Konzentration beim Lernen und zur Unterstützung durch die Eltern gestellt. Es wird gefragt, ob die Schülerinnen und Schüler zu Hause mehr Ruhe beim Lernen haben als in der Schule, zum Lernverhalten bei der Erledigung von Schulaufgaben, zur Einhaltung von Fristen und zur Teilnahme und Beteiligung am Fernunterricht; außerdem, ob Lehrerinnen und Lehrer sich Zeit für die Lernenden nehmen, wenn sie Probleme mit dem Unterrichtsstoff haben.

Im dritten Abschnitt werden durch neun Fragen Daten zur technischen Ausstattung zu Hause erhoben. Es wird gefragt, ob Schülerinnen und Schüler ein digitales Endgerät zum Lernen haben und ob sie die Möglichkeit haben, Videos anzuschauen, Hördateien abzuspielen, Texte am Computer oder Laptop zu schreiben; außerdem zur Qualität der Internetverbindung und zur Möglichkeit, zu Hause Aufgaben auszudrucken und einzuscannen. Anschließend wird die Verfügbarkeit eines Mikrofons beziehungsweise eines Headsets sowie einer eingebauten Kamera am Computer oder einer Webcam zum Lernen zu Hause abgefragt.

Der vierte Abschnitt enthält zwanzig Items des Anstrengungsvermeidungstests (Rollett und Bartram 1998).

Im fünften Abschnitt werden anhand von elf Items Daten zur Lernmotivation erhoben. Es wird gefragt, ob Schülerinnen und Schüler bei der Bearbeitung von Aufgaben zu Hause Spaß haben, und ob die Schülerinnen und Schüler Aufgaben interessant und spannend finden. Sie sollen angeben, ob sie die Aufgaben schaffen oder ob sie sich überfordert fühlen; dabei geht es um die intrinsische Motivation der Schülerinnen und Schüler, um Selbstbestimmung und selbständiges Lernen und darum, den Lernprozess selbst regulieren zu können (vgl. Pintrich und Groot 1990, S. 33; Schiefele und Schreyer 1994, S. 2; Rheinberg 2004, S. 71). Mit der Frage zur Lernmotivation soll herausgefunden werden, ob die Motivation von Schülerinnen und Schülern während der Schulschließungen nachgelassen hat und ob das Lernen bei der zweiten Schulschließung besser gelungen ist. Schließlich wird gefragt, ob sie mit dem Lernen zu Hause zufrieden sind.

Im sechsten Abschnitt werden Daten zu Lernemotionen erhoben. Mit sechzehn Items werden die Gefühle der Schülerinnen und Schüler beim Lernen zu Hause erfasst. Untersuchungen von Pekrun zeigen die Wirkungen von Emotionen auf Lernen und Leistung: Gefühle wie Spaß, Stolz, Zuversicht, Glücklich Sein über das Vorankommen können aktivierend wirken, während Scham, Hoffnungslosigkeit, Sorgen, Ärger, Wut, Hilflosigkeit, Nervosität und Angst negativ und deaktivierend wirken (vgl. Pekrun und Götz 2006, S. 257; Meinhardt und Pekrun 2003, S. 216; Pekrun 2017, S. 222).

Im siebten Teil werden Daten zur Aufmerksamkeit erhoben. Mittels neun Items werden Angaben zur Konzentration beim Lernen zu Hause, und zur Aufmerksamkeit beim Fernunterricht erhoben. Es wird gefragt, ob beim Fernunterricht Schülerinnen und Schüler im Zimmer allein sind, ob sie ungestört arbeiten können, und ob sie nebenbei mit Freunden chatten oder sich mit anderen Dingen beschäftigen. Untersuchungen zeigen, dass die Aufmerksamkeit in direkter Verbindung mit den Lernemotionen steht. Positive Emotionen können die aufgabebezogene Aufmerksamkeit erhöhen wie z.B. Lernfreude, die zum Flow führen kann, während negative Emotionen die aufgabenbezogene Aufmerksamkeit stark reduzieren können (Meinhardt und Pekrun 2003, S. 477–478).

Der achte Abschnitt erhebt Daten zur Rückmeldung der Lehrenden. Schülerinnen und Schüler sollen angeben, ob ihre Hausaufgaben regelmäßig überprüft werden und ob sie Rückmeldung zu ihren Hausaufgaben bekommen. Es wird gefragt, ob sie wissen, für welche Aufgabe sie eine Note bekommen und wo sie sich verbessern können, um bessere Noten zu bekommen. Weitere Angaben beziehen sich auf Hilfestellungen und die Kommunikation mit Lehrern beziehungsweise mit Mitschülern sowie auf die Erreichbarkeit von Lehrern. Kohler geht davon aus, dass eine fehlende Kontrolle und Auswertung die Anstrengungen der Lernenden missachtet und ihre Ergebnisse und Lernschwierigkeiten nicht wieder aufgreift und dabei wertvolle Lernzeit vergeudet wird. Eine zeitlich sehr ausgedehnte Hausaufgabenkontrolle kann jedoch auch negative Auswirkungen auf die Lernmotivation haben (Kohler 2011, S. 213).

Im neunten Abschnitt werden Daten zur Selbsteinschätzung zum Lernerfolg beim Lernen zu Hause erhoben. Schülerinnen und Schüler schätzen sich selbst zum Gelingen der Arbeit zu Hause, zu ihrer Mitarbeit und zu ihrem Lernerfolg beim Fernunterricht ein (vgl. Martschinke und Frank 2002, S. 192).

4.3 Durchführung der Untersuchung

Zur Vorbereitung der Untersuchung wurde die Schulleitung um ihre Einwilligung gebeten. Dadurch konnte die Schülerbefragung als schulinterne Evaluation durchgeführt werden. Ebenso wurde das Einverständnis der Eltern bzw. Erziehungsberechtigten der Schülerinnen und Schüler eingeholt (siehe Anhang Nummer 9.4). Das Kollegium wurde per E-Mail und per Aushang über die Durchführung der Untersuchung informiert. Unmittelbar vor der Datenerhebung wurde überprüft, ob und welche Eltern bzw. Erziehungsberechtigten die handschriftliche Einverständniserklärung unterschrieben hatten. Die Befragung selbst konnte von Lehrerinnen und Lehrern unterschiedlicher Fächer durchgeführt werden; ihre Unterrichtszeit haben sie freundlicherweise für die Untersuchung zur Verfügung gestellt.

4.3.1 Erfassung der Untersuchungsvariablen und der Unterrichtssituation

Im Zeitraum der Datenerhebung vom 18. Mai bis zum 4. Juni 2021 befanden sich die Schulen in Baden-Württemberg aufgrund der Sieben-Tages-Inzidenz im Wechselunterricht, d.h. für die Klassen 5 bis 10 gab es einen Wechsel zwischen

Präsenz- und Fernunterricht mit jeweils halben Klassen. Für die Oberstufe gab es durchgängigen Präsenzunterricht. An der Befragung haben 148 Schülerinnen und Schüler eines Gymnasiums in Baden-Württemberg teilgenommen. Die Daten wurden mit „*Paper-and-Pencil*“ erhoben. Das Ausfüllen des Fragebogens dauerte maximal fünfundvierzig Minuten.

5 Statistische Datenanalyse

5.1 Statistische Messinstrumente

Die quantitative Analyse der erhobenen Daten erfolgte mit der computerunterstützten Analyse-Software des Statistikprogramms IBM SPSS *Statistics* 23. Die Zuverlässigkeit der Daten wurde mit Hilfe der Reliabilität überprüft. Cronbachs Alpha diente dabei als geläufiges Maß für die interne Konsistenz einer Skala. Als Faustregel wurde dabei die interne Konsistenz für Werte ≥ .7 als akzeptabel bzw. für ≥ 0.8 als gut angenommen (vgl. Cho und Kim 2015). Die statistische Analyse zu Mittelwertvergleichen zwischen den Geschlechtern erfolgte mittels Mann-Whitney-U-Test. Für die Beurteilung und Bewertung des Zusammenhangs wurden Korrelationskoeffizienten nach Spearman-Rho berechnet. Grafiken wurden mit Excel erstellt.

6 Ergebnisse

Im folgenden Kapitel werden die Ergebnisse der Untersuchung und ihre statistische Auswertung grafisch und tabellarisch dargestellt. Zusätzliche Daten zu der statistischen Auswertung sind im Anhang zu finden (siehe Nummer 9.1). Zu den Abbildungen 4 bis 12 sind Mittelwerte und Standardabweichungen der einzelnen Items berechnet worden (siehe Anhang 9.1, Tabellen 12 – 19).

6.1 Beschreibung der Grundgesamtheits-Daten der Untersuchung

Insgesamt haben 148 Gymnasialschülerinnen und -schüler, 105 Mädchen (71 Prozent) und 43 Jungen (29 Prozent) an der Befragung teilgenommen. Das Durchschnittsalter der befragten Probanden lag zum Zeitpunkt der Befragung bei ca. 14 Jahren (S = 1.97). Im Minimum waren die Befragten 10, im Maximum 18 Jahre alt. Abbildung 1 zeigt die Altersverteilung.

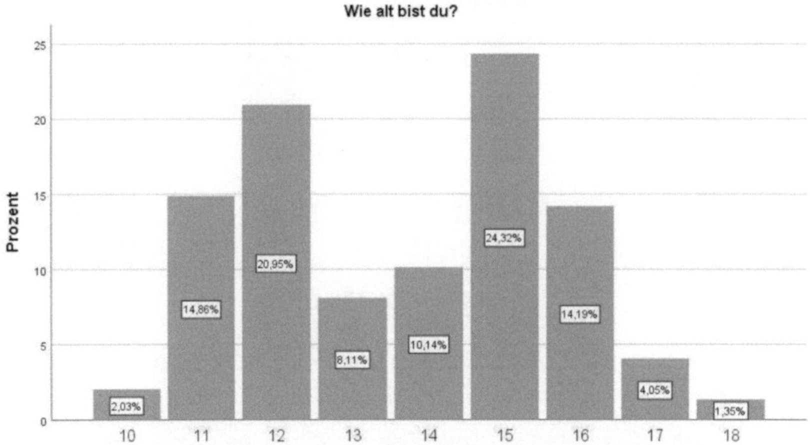

Abbildung 1: Grafische Darstellung der Altersverteilung der befragten Schülerinnen und Schüler.

Die prozentuale Verteilung der Schülerinnen und Schüler nach Jahrgangstufe ist in Abbildung 2 dargestellt. Sie zeigt, dass ca. 7 Prozent in der Jahrgangstufe fünf, ca. 30 Prozent in der Jahrgangstufe sechs, 8 Prozent in der Jahrgangstufe sieben, 8 Prozent in der Jahrgangstufe acht, 13.5 Prozent in der Jahrgangstufe neun, 23.6 Prozent in der Jahrgangstufe zehn und 10 Prozent in der Jahrgangstufe elf waren.

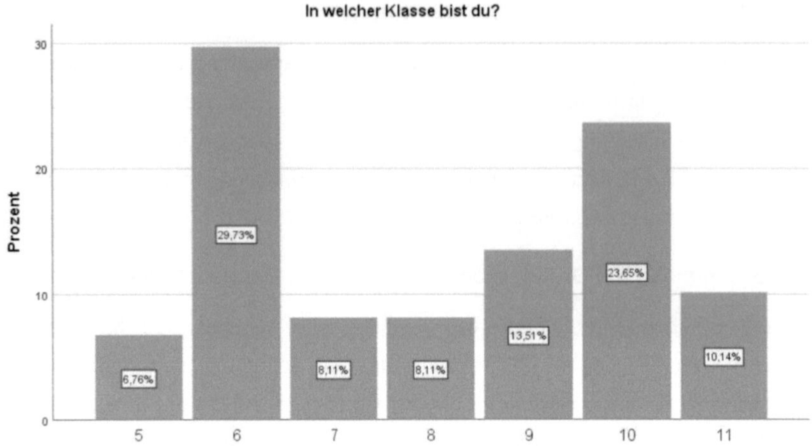

Abbildung 2: Grafische Darstellung der prozentualen Verteilung der befragten Schülerinnen und Schüler nach Jahrgangstufen.

6.1.1 Lernaufwand beim Lernen zu Hause

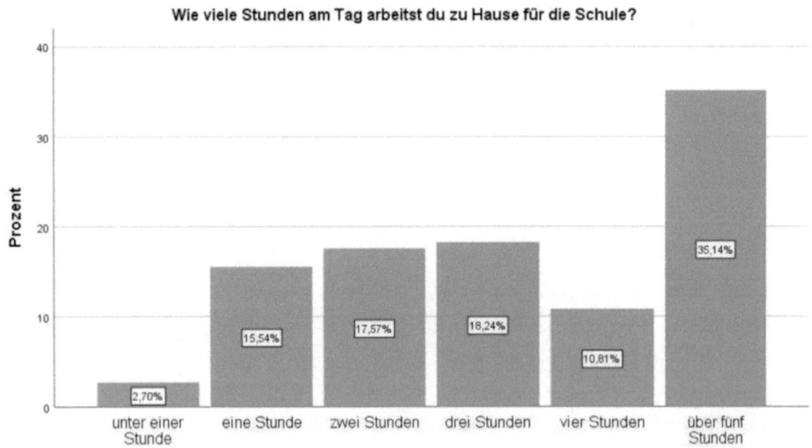

Abbildung 3: Grafische Darstellung der prozentualen Verteilung der befragten Schülerinnen und Schüler nach dem Lernaufwand beim Lernen zu Hause.

Die Schülerinnen und Schüler wurden gebeten, Auskunft über den Lernaufwand pro Tag zu geben. Die deskriptive Analyse zeigt, dass ca. 35 Prozent sich bis zu zwei Stunden pro Tag mit schulischen Aufgaben beschäftigten, und ca. 65 Prozent über drei Stunden. Daraus ergibt sich ein Mittelwert von 4.24 Stunden für schulisches Lernen (S = 1.6).

6.1.2 Organisation des Lernens zu Hause

Es wurde erhoben, ob das Lernen zu Hause nach einem festgelegten Stundenplan und mit Videokonferenzen stattgefunden hat. Darüber hinaus wurde erhoben, ob die Lehrkräfte erklärt haben, wie und in welchen Dateiformaten (z.B. pdf, jpg) Aufgaben auf Moodle eingereicht werden und ob die Lerninformationen beim Lernen helfen. Die Abbildung 4 zeigt die Grafische Darstellung der prozentualen Verteilung bezüglich der Lernsituation beim Lernen zu Hause. Mittelwert und Standardabweichung der Lernsituation-Skala beim Lernen zu Hause werden in der Tabelle 12 aufgeführt (siehe Anhang 9.1).

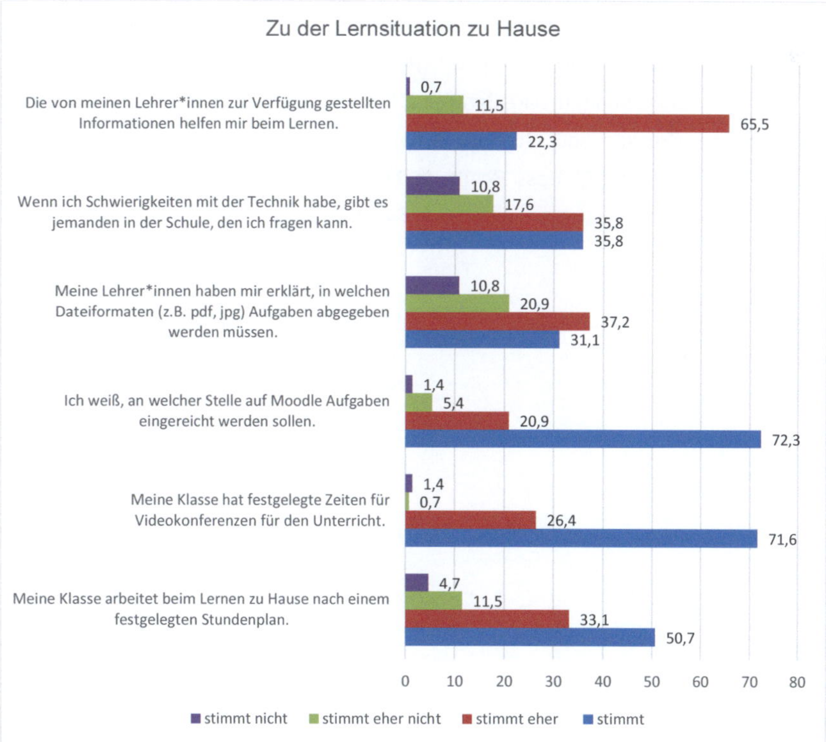

Abbildung 4: Grafische Darstellung der prozentualen Verteilung bezüglich der Lernsituation beim Lernen zu Hause.

Quelle: Eigene Berechnung

6.1.3 Lernbedingungen beim Lernen zu Hause

Die Schülerinnen und Schüler wurden gebeten, Auskunft über ihre Lernbedingungen zu Hause zu geben. Es wurden Items zur Rolle der Eltern als Unterstützer des Lernprozesses, zu Ruhe und Konzentration beim Lernen und zum Tagesablauf gestellt aber auch dazu, wie fleißig und erfolgreich die Schülerinnen und Schüler sich beim Lernen zu Hause sahen. Abbildung 5 zeigt die grafische Darstellung der prozentualen Verteilung bezüglich der Lernbedingungen beim Lernen zu Hause. Tabelle 13 enthält die Mittelwerte und Standardabweichungen zu den einzelnen Items (siehe Anhang 9.1).

6.1.4 Technische Ausstattung mit digitalen Geräten für das Lernen zu Hause

Es wurde erhoben, ob Schülerinnen und Schüler zu Hause über die notwendige technische Ausstattung zum Lernen verfügen. Wie Abbildung 6 zeigt, hat die Mehrheit der befragten Schülerinnen und Schüler Computer, Laptop oder Smartphone zum Arbeiten und Drucker und Scanner sind in vielen Haushalten vorhanden. Die statistische Analyse ergibt, dass Schülerinnen und Schüler für das Lernen zu Hause gut ausgestattet waren (siehe Anhang 9.1, Tabelle 14).

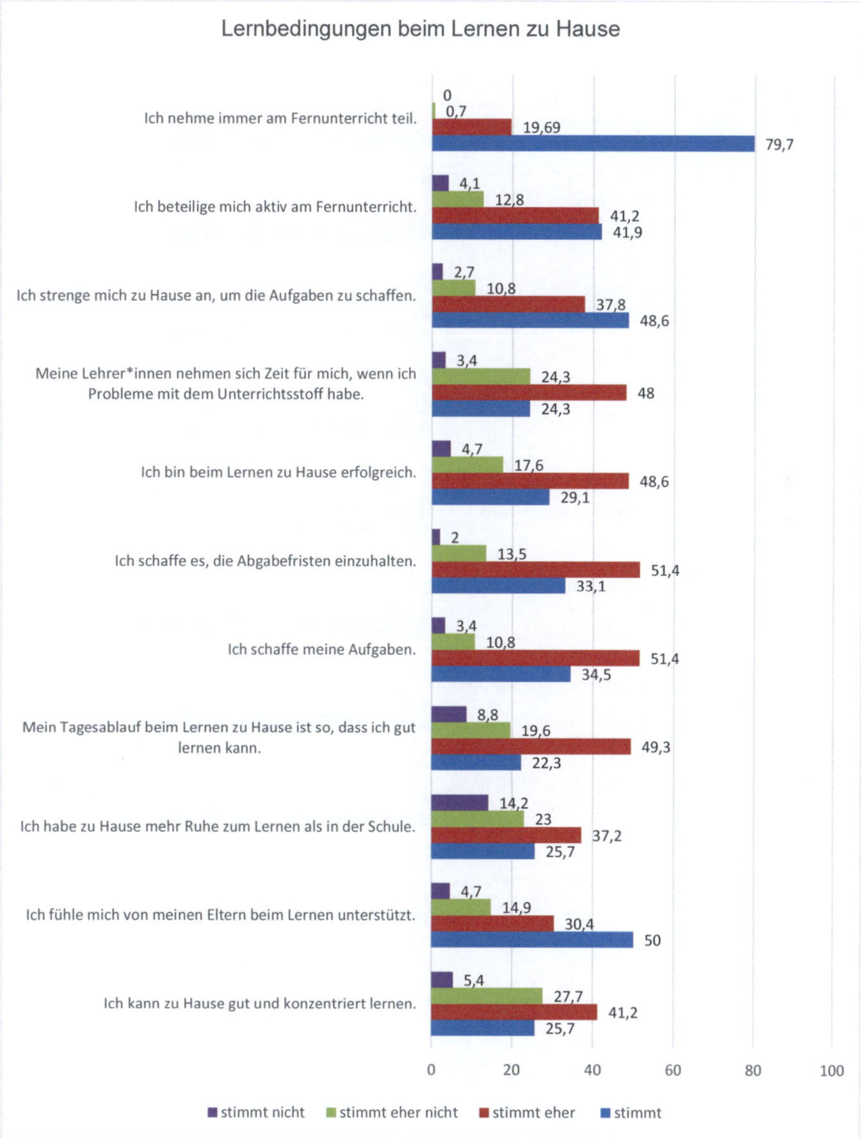

Abbildung 5: Grafische Darstellung der prozentualen Verteilung bezüglich der Lernbedingungen beim Lernen zu Hause.

Quelle: Eigene Berechnung

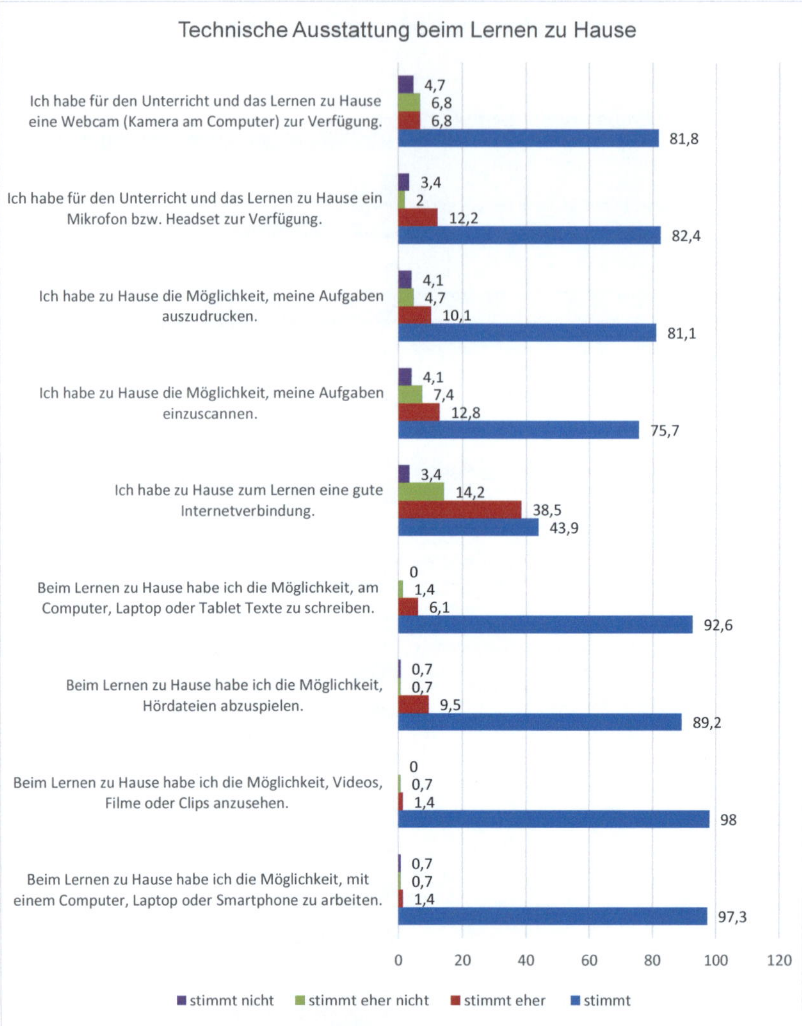

Abbildung 6: Grafische Darstellung der prozentualen Verteilung der technischen Ausstattung beim Lernen zu Hause.

Quelle: Eigene Berechnung

6.1.5 Anstrengungsvermeidung beim Lernen zu Hause

Für vier Bereiche gaben die Schülerinnen und Schüler Auskunft zum Thema Anstrengungsvermeidung (siehe Abbildung 7). Der erste Bereich zu einem desorganisierten und apathischen Arbeitsstil umfasste beispielweise Aussagen wie *„Andere wollen immer gerade dann, dass ich etwas für die Schule tue, wenn ich mich erhole / entspanne"* oder *„Es passiert mir oft, dass ich es gar nicht höre, wenn jemand mir sagt, ich solle etwas für ihn erledigen"*. Im zweiten ging es um ein geringeres Anspruchsniveau und mangelnden schulischen Ehrgeiz mit Fragen wie *„Warum soll ich etwas für die Schule gleich erledigen, wenn dafür morgen auch noch Zeit ist?"* oder *„Ich musste schon oft Dinge mühsam lernen, die nachher doch nutzlos waren"*. Im dritten wurden Bewertungen zu Schulunlust und mangelnden schulbezogenen Interessen abgefragt, zum Beispiel zu der Aussage *„Ich weiß gar nicht, warum ich abends oder am Wochenende lernen soll, wenn die anderen das auch nicht tun"* oder *„Bei Arbeiten für die Schule, die ich nicht machen möchte, langweile ich mich sehr schnell"*. Im vierten wurden Einschätzungen zu mangelnder Selbstwirksamkeit erhoben, zum Beispiel durch die Items *„Ich sehe nicht ein, warum ich Dinge auswendig lernen soll, die man nachschauen kann"* oder *„Ich warte, bis sich unangenehme Arbeiten von selbst erledigen"*. Bei der Anstrengungsvermeidung- Skala liegt der Durchschnittswert bei M = 2.26 mit S = .58. In der Tabelle 15 werden die einzelnen Mittelwerte und Standardabweichung der Items aufgeführt. Die interne Konsistenz der Skalen lag zwischen α=.892 und α=.898, die Trennschärfen für die Items der jeweiligen Skalen haben Werte von rit=.42 bis rit=.63 und sind damit als gut einzustufen (siehe Anhang 9.1, Tabelle 20). Tabelle 15 gibt die Mittelwerte und Standardabweichung der Anstrengungsvermeidungs-Skala beim Lernen zu Hause an (siehe Anhang 9.1)

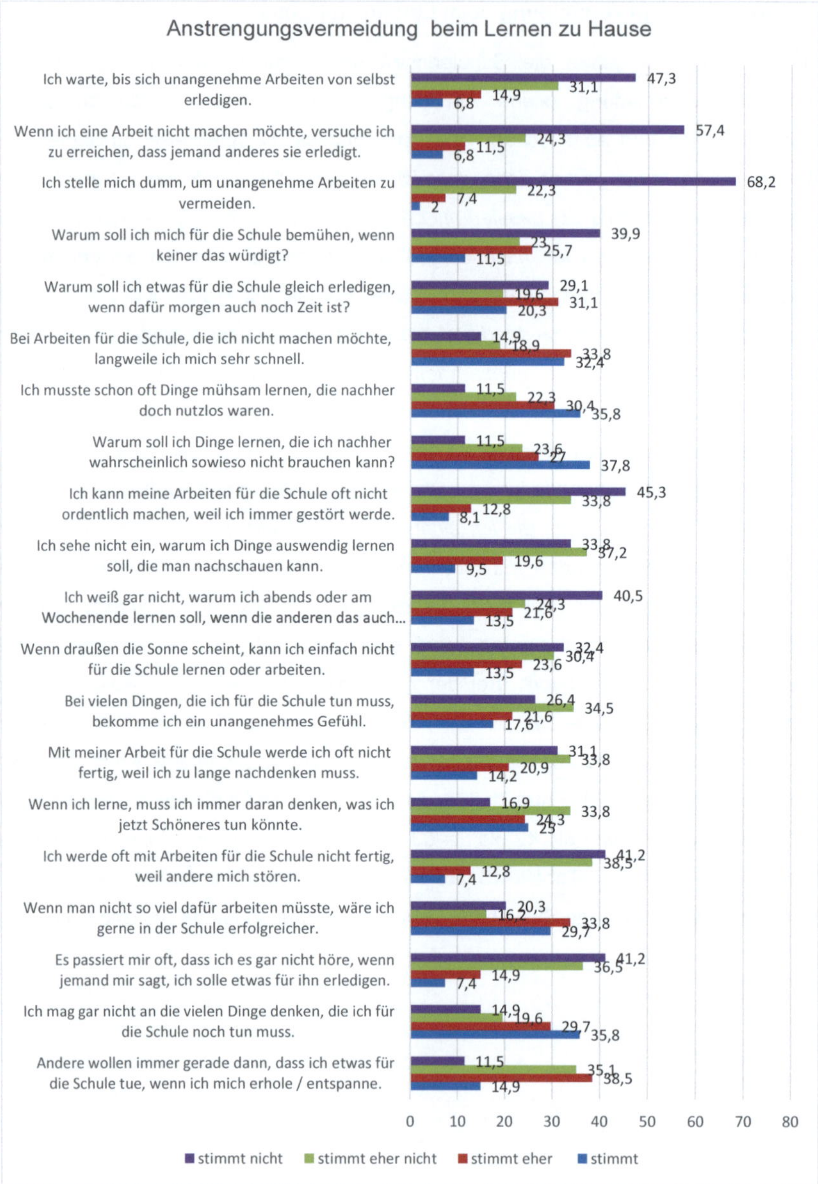

Abbildung 7: Grafische Darstellung der prozentualen Verteilung der Anstrengungsvermeidung beim Lernen zu Hause.

Quelle: Eigene Berechnung

6.1.6 Lernmotivation beim Lernen zu Hause

Schülerinnen und Schüler wurden gebeten über ihre Motivation beim Lernen zu Hause Auskunft zu geben. Es wurde gefragt, ob die Aufgabenbearbeitung zu Hause Spaß macht, und ob sie die Aufgaben spannend und interessant finden. Darüber hinaus wurde erhoben, ob die Motivation der Schülerinnen und Schüler während der Schulschließungen nachgelassen hat. Außerdem, ob das Lernen bei der zweiten Schulschließung besser gelungen ist als bei der ersten. Es wurde gefragt, ob die Schülerinnen und Schüler insgesamt mit dem Lernen zu Hause zufrieden sind. Hier liegt der Durchschnitt der Motivations-Skala bei M = 2.49 mit S = .32. Die Abbildungen 17 und 18 zeigen Ausreißer, es liegt keine Normalverteilung der Lernmotivationsdaten vor. In der Tabelle 16 werden die einzelnen Mittelwerte und Standardabweichungen der Lernmotivation aufgeführt.

Die Abbildung 8 stellt die statistische Auswertung der Lernmotivations-Items grafisch dar. Die interne Konsistenz der Skalen lag zwischen α = .018 und α = .387, die Trennschärfen für die Items der jeweiligen Skalen haben Werte von rit = -.055 bis rit = .356 erreicht. Die schwachen Cronbachs Alpha-Werte deuten auf wenig Gemeinsamkeit der Items hin. Die Items *„Ich fürchte mich vor den Aufgaben", „Mit den Aufgaben für zu Hause fühle ich mich überfordert"*, *„Lernen zu Hause ist mir viel zu anstrengend"* und *„Meine Motivation für das Lernen hat während der Schulschließungen nachgelassen"* ergaben negative Trennschärfen. Nach der Korrektur der Skala lag der Cronbachs Alpha-Wert bei .78 (siehe Anhang 9.1, Tabelle 23). Tabelle 16 gibt die Mittelwerte und Standardabweichung der Lernmotivations-Skala an (siehe Anhang 9.1).

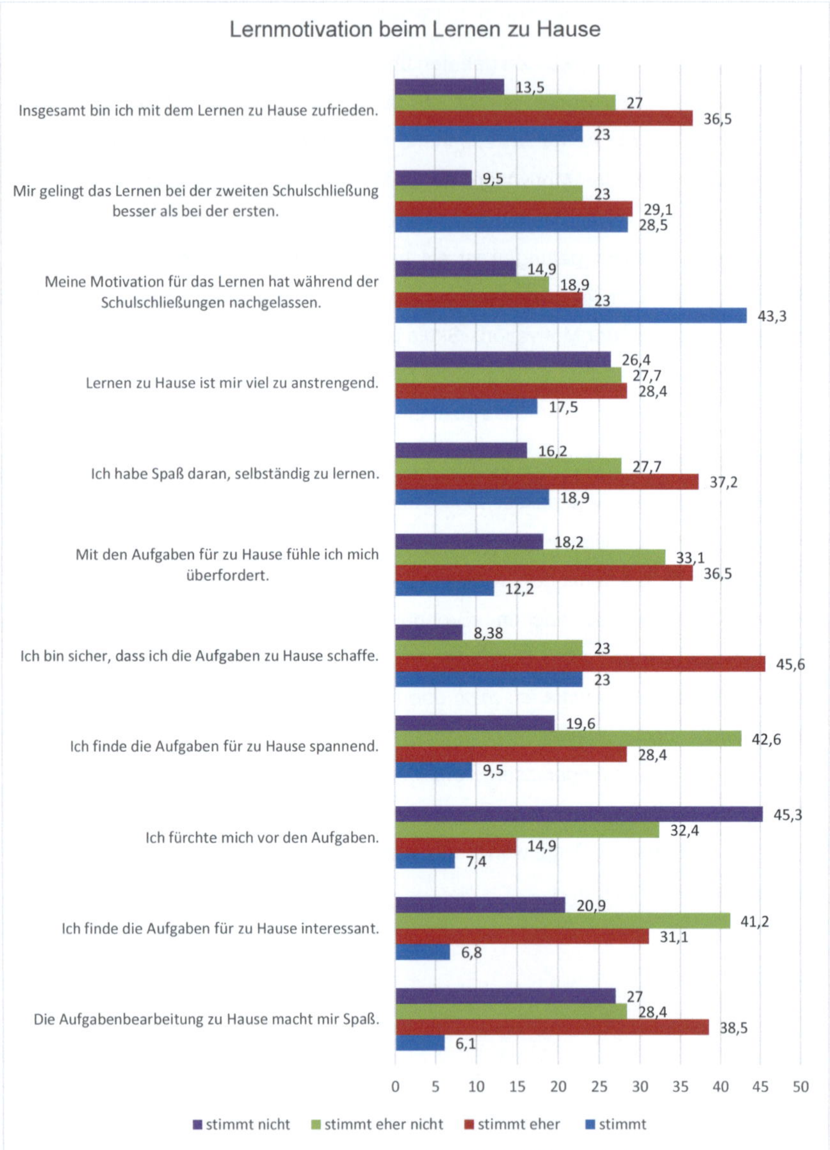

Abbildung 8: Grafische Darstellung der prozentualen Verteilung der Lernmotivation beim Lernen zu Hause.

Quelle: Eigene Berechnung

6.1.7 Lernemotionen beim Lernen zu Hause

Anhand von 16 Items wurde erhoben, welche Emotionen das Lernen der Schülerinnen und Schüler zu Hause beeinflussen. Dabei handelt es sich um positive Emotionen wie zum Beispiel „*Ich habe Spaß beim Lernen zu Hause*“ oder „*Ich bin stolz, wie gut ich vorankomme*“ und um negative Emotionen wie zum Beispiel „*Ich schäme mich, weil ich den Stoff nicht verstehe*“ oder „*Ich ärgere mich darüber, dass ich lernen muss*“ (siehe Abbildung 9). Der Durchschnitt der Lernemotions-Skala lag bei M = 2.35 mit S = .37. Die interne Konsistenz der Lernemotions-Skala hat einen Cronbachs Alpha-Wert von .571 gehabt. Für die einzelnen Items lagen die Werte zwischen α = .48 und α = .62, die Trennschärfen haben Werte von rit = -.10 bis rit = .54. Die Ergebnisse der Daten zeigen vier negative Items, die nicht mit der Gesamtsumme korrelieren. „*Ich habe Spaß*“, „*Ich bin glücklich, dass ich gut vorankomme*“, „*Ich fühle mich zuversichtlich, dass ich es schaffe*“ und „*Ich bin zuversichtlich, dass ich mit dem Stoff gut zurechtkomme*“. Der Cronbachs Alpha-Wert lag hier nach der Entfernung dieser vier Items (N = 12) bei .767 (siehe Anhang 9.1, Tabelle 21). Tabelle 17 zeigt die Mittelwerte und Standardabweichung der Lernemotions-Skala beim Lernen zu Hause (siehe Anhang 9.1).

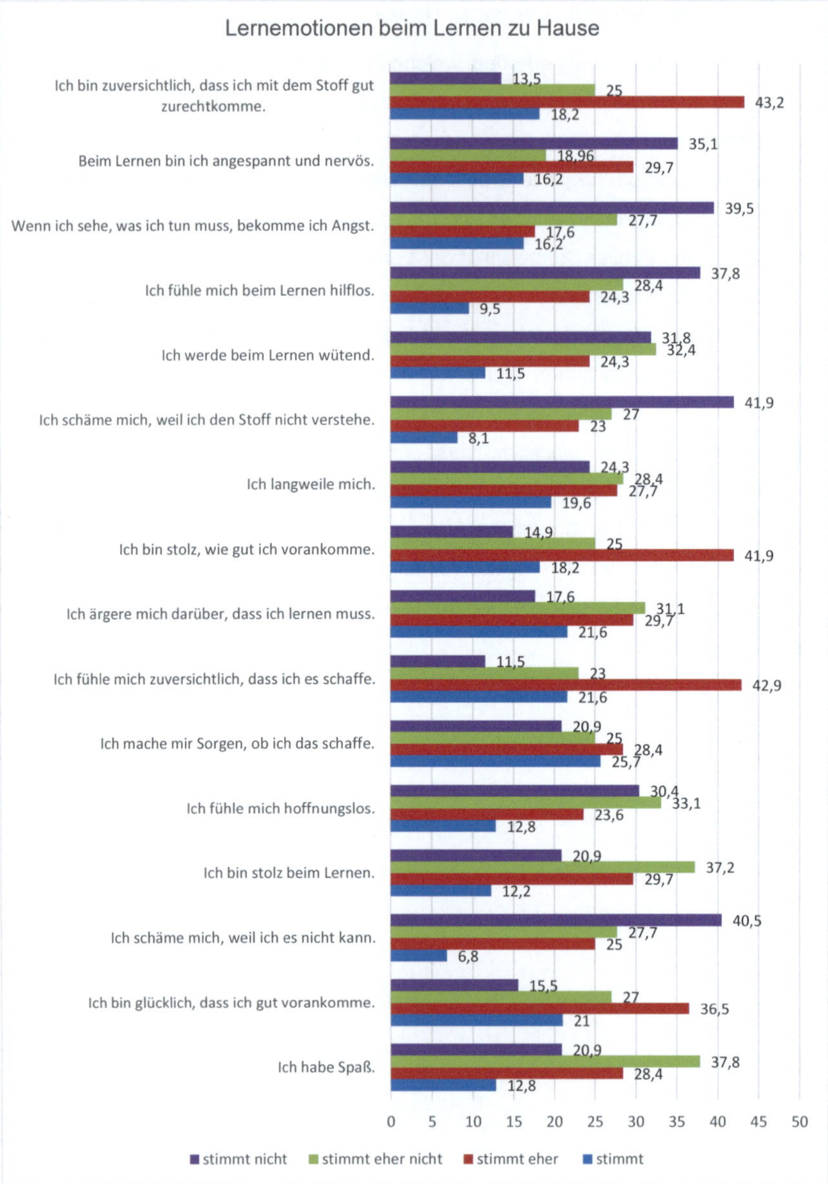

Abbildung 9: Grafische Darstellung der prozentualen Verteilung der Lernemotionen beim Lernen zu Hause.

Quelle: Eigene Berechnung

6.1.8 Aufmerksamkeit beim Lernen zu Hause

Es wurden Daten zur Aufmerksamkeit der Schülerinnen und Schüler beim Lernen zu Hause erhoben. Die Items beziehen sich auf Aufmerksamkeit, Konzentration und Fernunterricht. (M= 2.95, S = .35).

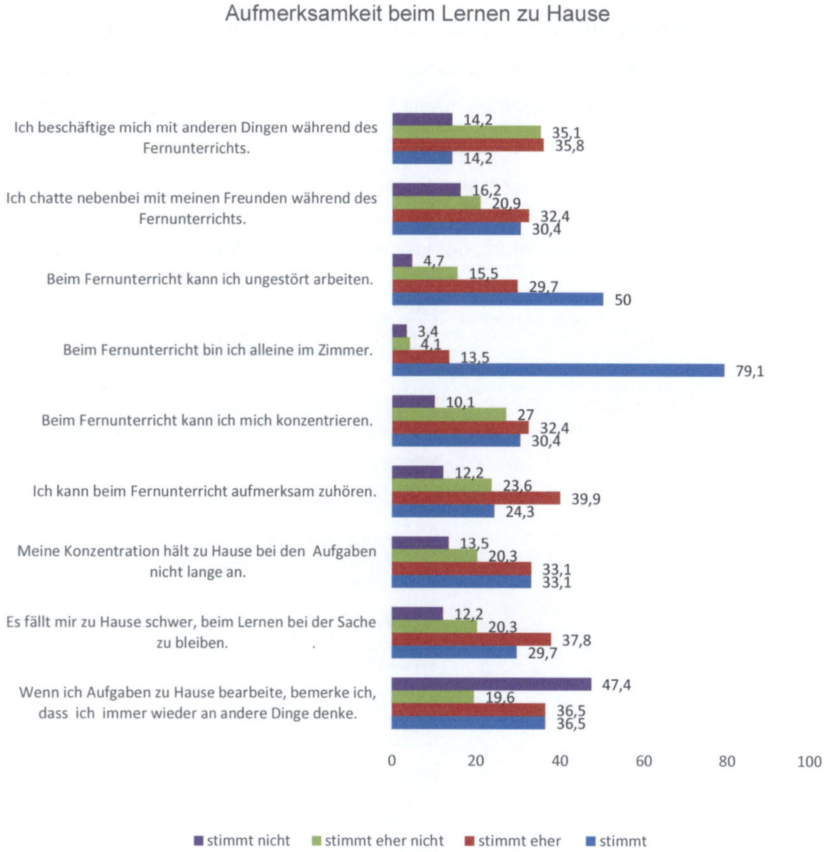

Abbildung 10: Grafische Darstellung der prozentualen Verteilung der Aufmerksamkeits-Daten.

Quelle: Eigene Berechnung

Abbildung 10 zeigt die Angaben der Lernenden in Prozent. Tabelle 18 zeigt Mittelwert und Standardabweichung der Aufmerksamkeit beim Lernen zu Hause (siehe Anhang 9.1).

6.1.9 Zur Rückmeldung von Lehrerinnen und Lehrern

Es wurden Daten zur Rückmeldung von Lehrerinnen und Lehrern erhoben. Schülerinnen und Schüler wurden gebeten, anzugeben, was sie von der Regelmäßigkeit der Überprüfung von Hausaufgaben und von der Rückmeldung der Lehrerinnen und Lehrer halten. Außerdem wurden die Notentransparenz und das Weiterkommen beim Arbeiten zu Hause mit Hilfe von Lehrerinnen und Lehrern und Mitschülerinnen und Mitschülern untersucht (M = 2.86, S = .47). Mittelwerte und Standardabweichung der einzelnen Items der Rückmeldung von Lehrerinnen und Lehrern werden in der Tabelle 19 aufgeführt. Abbildung 11 zeigt die prozentuale Verteilung der Angaben zur Rückmeldung der Lehrkräfte.

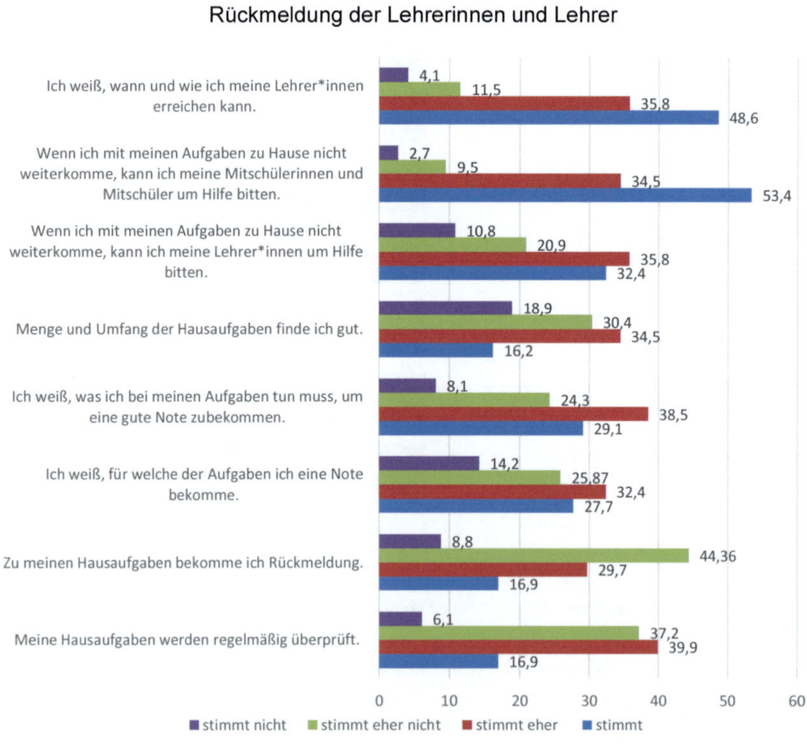

Abbildung 11: Grafische Darstellung der prozentualen Verteilung der Rückmeldung der Lehrkräfte.

Quelle: Eigene Berechnung

6.1.10 Selbsteinschätzung der eigenen Leistung beim Lernen zu Hause

Die Schülerinnen und Schüler wurden gebeten, ihre eigene Leistung beim Lernen zu Hause einzuschätzen. Erhoben wurden das Gelingen der Arbeit für die Schule, der Lernerfolg beim Lernen zu Hause, die Mitarbeit während des Fernunterrichts und der Lernerfolg beim Fernunterricht. Im Durchschnitt gaben sich Schülerinnen und Schüler gute Noten für das Lernen zu Hause (M = 2.6, S = .87). In Abbildung 12 wird die prozentuale Verteilung der Selbsteinschätzung der Schülerinnen und Schüler für das Lernen zu Hause dargestellt.

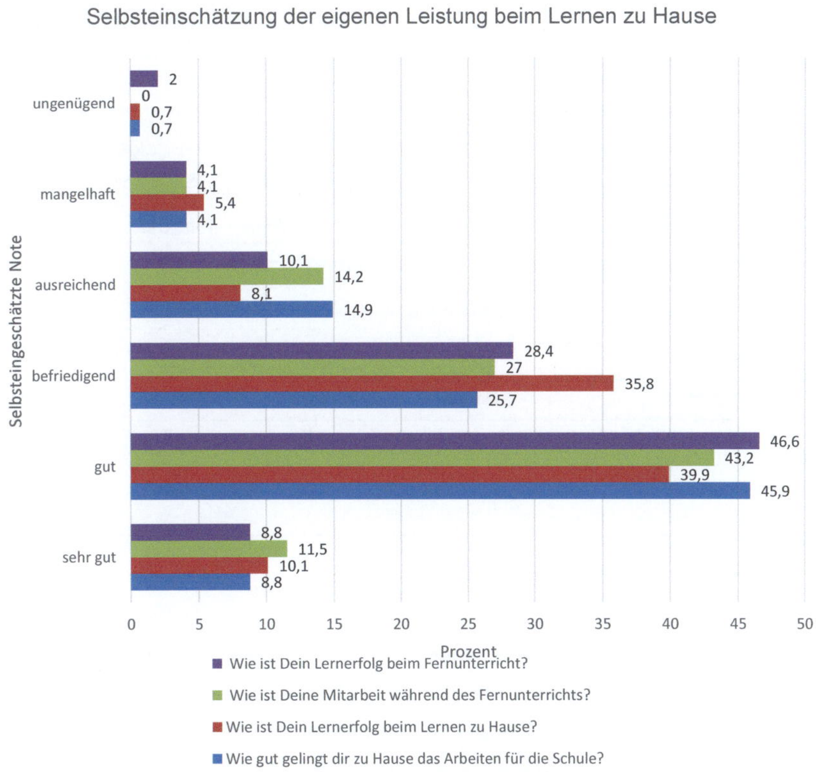

Abbildung 12: Grafische Darstellung der prozentualen Verteilung der Selbsteinschätzung beim Lernen zu Hause.

Quelle: Eigene Berechnung

6.2 Überprüfung der Hypothesen

In diesem Kapitel werden die Ergebnisse ausgewertet und die Forschungsfragen anhand von Hypothesen überprüft.

6.2.1 Lernaufwand der Schülerinnen und Schüler beim Lernen zu Hause

Mit der ersten Hypothese soll überprüft werden, ob zwischen dem Lernaufwand der Schülerinnen und Schüler beim Lernen zu Hause und dem selbst eingeschätzten Lernerfolg eine signifikante Korrelation besteht. Darüber hinaus soll untersucht werden, ob zwischen den Geschlechtern unter der Lernsituation zu Hause ein signifikanter Unterschied hinsichtlich Lernaufwands und selbst eingeschätztem Lernerfolg besteht.

Mittels Korrelationsanalyse nach Spearman-Rho werden Zusammenhänge zwischen Lernaufwand und selbst eingeschätztem Lernerfolg für die folgenden Fragen untersucht: „*Wie gut gelingt dir zu Hause das Arbeiten für die Schule*?“, “*Wie ist dein Lernerfolg beim Lernen zu Hause*?“, „*Wie ist deine Mitarbeit während des Fernunterrichts*?“ und „*Wie ist dein Lernerfolg beim Fernunterricht*?“

Tabelle 1: Korrelationen zwischen Lernaufwand und Lernerfolg beim Lernen zu Hause.

Selbst-Einschätzung	Lernaufwand		Gelingen der Arbeit zu Hause		Lernerfolg beim Lernen zu Hause		Mitarbeit beim Fernunterricht		Lernerfolg beim Fernunterricht	
	r	p	r	p	r	p	r	p	r	p
Lernaufwand	-	-	-.315**	.00	-.234**	.00	-.129	.00	-.218**	.00

r = Korrelationskoeffizient, p = Signifikanz (zweiseitig)
*** Die Korrelation ist auf dem Niveau von .01 (zweiseitig) signifikant*

Quelle: Eigene Berechnung

Die Ergebnisse der Korrelationsanalyse zeigen folgende Zusammenhänge: Der Lernaufwand der Schülerinnen und Schüler geht mit einer signifikanten, schwach bis stark negative Korrelation mit allen dazu abgefragten Items einher (siehe Tabelle 1). Bei allen Variablen gilt: Je schlechter die selbst eingeschätzte Note für den Lernerfolg zu Hause war, desto geringer war der Zeitaufwand dafür.

Die Mittelwertvergleiche zwischen den Geschlechtern beim Lernaufwand erfolgten mit dem Mann-Whitney U-Test. Wie die Tabelle 2 zeigt, ergaben sich für Mädchen und Jungen unterschiedliche zentrale Tendenzen beim mittleren Rangwert. Diese

Differenzen sind statistisch signifikant und zeigen, dass es signifikante Unterschiede zwischen den Geschlechtern beim täglichen Lernaufwand für Schulaufgaben gab. Danach beschäftigten sich die Mädchen länger pro Tag mit Schulaufgaben als die Jungen.

Tabelle 2: Mittelwertvergleich zwischen den Geschlechtern beim Lernaufwand.

Geschlechts	Mittlerer Rang	Mann-Whitney	Z	*p*	Effektstärke *r*
männlich	59.5	1616.5	-2.81	.00	-.23
weiblich	80.64				

Die Effektstärke r = .23 entspricht einer mittleren Korrelation (Cohen 1988). Die Ergebnisse zeigen, dass die Arbeitshypothese, die besagt, dass zwischen den Geschlechtern ein signifikanter Unterschied beim Lernaufwand besteht, beibehalten werden kann.

6.2.2 Einfluss des Lernens unter Corona-Bedingungen auf die Anstrengungsvermeidung, Lernemotionen und Lernmotivation

Bei der zweiten Forschungsfrage wird der Einfluss des Lernens unter den besonderen Lernbedingungen auf die Lernmotivation (LernMo), die Anstrengungsvermeidung (AVT) und die Lernemotionen (LernEmo) der Schülerinnen und Schüler untersucht. Anhand von Hypothesen soll überprüft werden, ob zwischen den Geschlechtern ein signifikanter Unterschied bei den Mittelwerten zu Anstrengungsvermeidung, Lernemotionen und Lernmotivation besteht. Die statistische Analyse erfolgte mit dem Mann-Whitney U-Test. Die statistische Prüfung auf Normalverteilung der Skalen ist in Tabelle 3 zusammengefasst.

6.2.3 Reliabilitätsanalyse der Skalen

Aus den Daten der Erhebung wird die Reliabilität anhand der Cronbachs Alpha-Statistik quantifiziert. Die Reliabilitätsstatistik ergibt einen Cronbachs Alpha-Wert von .899. Der Wert liegt oberhalb des häufig in der Literatur empfohlenen Kriteriums von .7 (Cronbach 1951; Moosbrugger und Hartig 2003, S. 412). Das heißt, dass der Grad an interner Konsistenz zwischen den gesamten Items der Anstrengungsvermeidungs-Skala (AVT-Skala) hoch ist. Bei Lernemotionen liegt der Cronbachs Alpha-Wert nach

Korrektur der Skala bei .767 in einem akzeptablen Bereich (siehe Anhang 9.1, Tabelle 21) Bei der Lernmotivation liegt der Cronbachs Alpha-Wert bei .194. Der Reliabilitätswert dieser Skala ist als gering einzuschätzen. Nach der Korrektur der Skala liegt bei .781 und damit in einem akzeptablen Bereich (siehe Anhang 9.1, Tabelle 23).

6.2.4 Deskriptive Statistiken der Skalen

Die deskriptiven Statistiken der einzelnen Skalen werden zuerst berichtet und dabei überprüft, ob die Verteilung der Normalverteilungsannahme entspricht. Die Anstrengungsvermeidungswerte liegen zwischen 1.0 und 3.55 (M = 2.26; S = .58) (siehe Anhang 9.1, Tabelle 22).

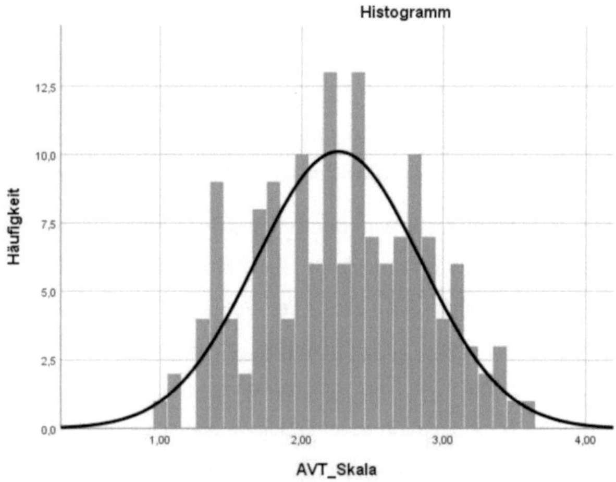

Abbildung 13: Histogramm mit der Normalverteilungskurve für die ATV-Skala.

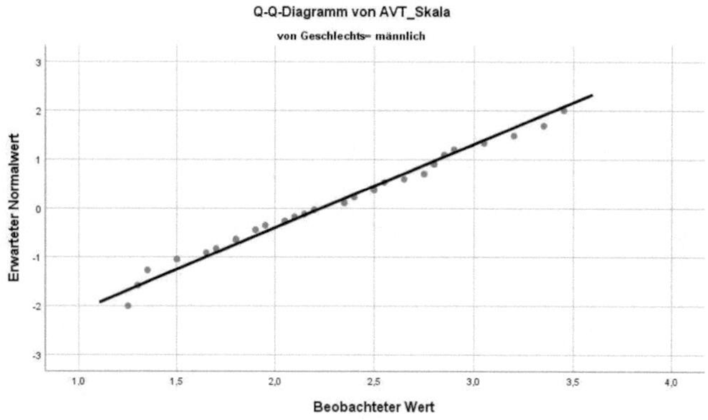

Abbildung 14: Q-Q-Diagramm der AVT_Skala.

Die Schiefe der Verteilung liegt bei -.016, und die Kurtosis bei -.72. Somit ist die Verteilung linksschief d.h. rechtssteil. Sowohl die Schiefe als auch die Kurtosis liegen in einem Bereich, der mit der Normalverteilungsannahme vereinbar ist (Moosbrugger und Kelava 2020, S. 162). Die Analyse der Daten ergibt mit dem Kolmogorov-Smirnov-Anpassungstest eine Normalverteilung der AVT-Skala; auch das Q-Q-Diagramm zeigt, dass die meisten Variablen sehr nah an der Linie liegen, die der Normalverteilungsannahme entspricht. Die Anstrengungsvermeidungswerte liegen zwischen 1.0 und 3.55 (siehe Abbildungen 13 und 14).

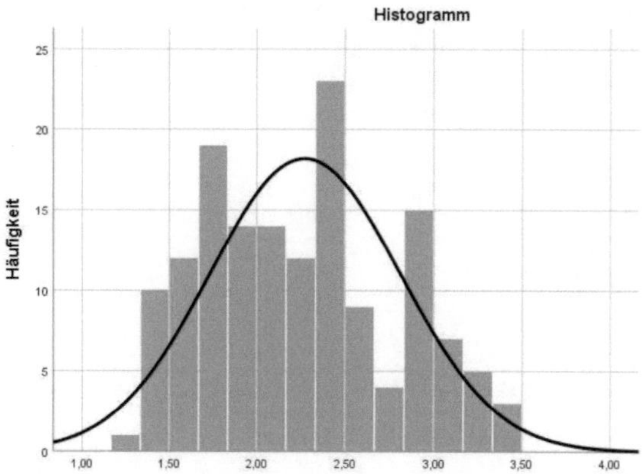

Abbildung 15: Histogramm mit der Normalverteilungskurve für die LernEmo-Skala.

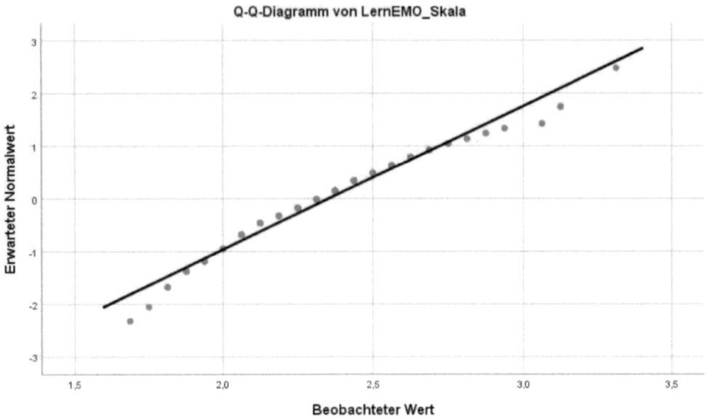

Abbildung 16: Q-Q-Diagramm der LernEmo_Skala.

Die Item-Streuungen der Lernemotionen-Skala (LernEmo_Skala) bewegen sich in einem Bereich von 1.69 bis 3.5 (M: 2,27; S = .54). Bei den Lernemotionen ergab der Kolmogorov-Smirnov-Test, dass die Lernemotionsdaten nicht normalverteilt sind (siehe Abbildung 15). Wie das Q-Q-Diagramm zeigt, liegen einige Variablen unterhalb der Geraden (siehe Abbildung 16). Die asymmetrische Verteilung der Lernemotions-Skala war bei einer positiven Schiefe von .28 und einer Kurtosis von -.71 linkssteil.

Tabelle 3: Statistische Prüfung der Normalverteilung für die AVT-, Lernemotionen- und Lernmotivations-Skalen.

		Kolmogorov-Smirnov-Test		
df = 148		Anstrengungs-vermeidung	Lernemotionen	Lernmotivation
Parameter der Normalverteilung	Mittelwert	2.20	2.35	2.50
	Std.-Abw.	.58	.36	.32
Cronbachs Alpha α		.88	.76	.78
Asymptotische Signifikanz (zweiseitig)		.20	.01	.03

Wie Tabelle 3 zeigt, ergab die Prüfung mit dem Kolmogorov-Smirnov-Test keine Normalverteilung der Lernmotivations-Daten. Die deskriptive Statistik für die asymmetrische Verteilung zeigt eine positive Schiefe von .56 und eine Kurtosis von 1.89. Die Verteilung ist linkssteil. Die Item-Streuungen bewegen sich in einem Bereich von 1.6 bis 3.9. Dabei sind Ausreißer auch im Q-Q-Diagramm (siehe Abbildung 18) zu erkennen. Die Lernmotivations-Daten sind nicht normal verteilt.

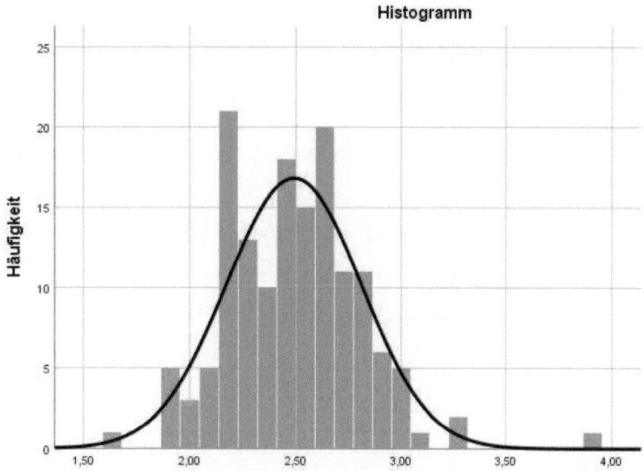

Abbildung 17: Histogramm mit der Normalverteilungskurve der LernMo_Skala.

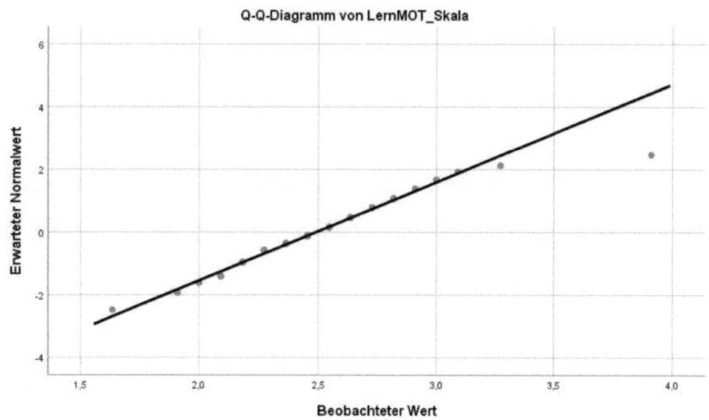

Abbildung 18: Q-Q-Diagramm der LernMo_Skala.

Bei den Lernemotionen ergab der Kolmogorov-Smirnov-Test (siehe Tabelle 3), dass die Arbeitshypothese beibehalten werden kann.

6.2.5 Mittelwertvergleiche zwischen den Geschlechtern und der Anstrengungsvermeidung, Lernmotivation und Lernemotionen

Wie Tabelle 4 zeigt, weisen die drei mittels Mann-Whitney U-Tests analysierten Skalen für Mädchen und Jungen unterschiedliche zentrale Tendenzen bei den mittleren Rangwerten auf.

Tabelle 4: Statistische Datenanalyse mit dem Mann-Whitney-U-Test für die Anstrengungsvermeidungs-, die Lernemotionen- und die Lernmotivations-Skala.

Ergebnis des Mann-Whitney-U-Tests						
		Mittlerer Rang	Mann-Whitney	Z	Signifikanz (zweiseitig)	Effektstärke *r*
AVT_ Skala	männlich	71.97	2148.	.461	.645	.037
	weiblich	75.54				
LernEmo-Skala	männlich	59.80	1625.5	-2.674	.007	.219
	weiblich	80.52				
LernMot-Skala	männlich	72.42	2168	-.380	.704	.031
	weiblich	75.35				

Die Statistik zeigt, dass für die Anstrengungsvermeidungs-Skala die Nullhypothese beibehalten werden kann. Diese besagt, dass zwischen den Geschlechtern durch die Lernsituation zu Hause kein signifikanter Unterschied in der Neigung zur Anstrengungsvermeidung besteht.

Für die Lernemotionen kann dagegen die Arbeitshypothese beibehalten werden. Zwischen den Geschlechtern besteht unter der Lernsituation zu Hause ein signifikanter Unterschied bei den Lernemotionen; dabei weisen die Mädchen einen höheren Mittelwert auf und zeigten somit höhere Lernemotionen als die Jungen.

Für die Lernmotivation kann die Nullhypothese beibehalten werden, da zwischen den Geschlechtern unter der Lernsituation zu Hause kein signifikanter Unterschied bei der Lernmotivation besteht.

6.3 Analyse der Korrelationen zwischen dem selbst eingeschätzten Lernerfolg und der Anstrengungsvermeidung, sowie den Lernemotionen und der Lernmotivation

Bei der dritten Hypothese wurde untersucht, ob zwischen der selbst eingeschätzten Note und Anstrengungsvermeidung, Lernemotionen und Lernerfolg sowie Lernmotivation eine signifikante Korrelation besteht.

Die Korrelationsanalysen nach Spearman-Rho zeigen folgende Zusammenhänge: Die Lernemotionen korrelieren positiv mit allen Variablen des selbst eingeschätzten Lernerfolgs. Wie Tabelle 5 zeigt, weisen die Korrelationen unterschiedliche Signifikanzen auf. Es lässt sich aber bei allen selbst eingeschätzten Lernerfolgen feststellen, dass je höher die Lernemotionen eines Schülers beim Lernen waren, desto besser wurde der Lernerfolg eingeschätzt. Die Anstrengungsvermeidung korreliert stark positiv mit dem Lernerfolg bei den vier Varianten. Bei der Anstrengungsvermeidung ergeben sich hoch signifikante positive Korrelationen. Je höher die Anstrengungsvermeidung eines Schülers oder einer Schülerin beim Lernen zu Hause war, desto schlechter wurde der Lernerfolg eingeschätzt.

Tabelle 5: Korrelationen nach Spearman-Rho für die Lernemotionen, Lernmotivation, die Anstrengungsvermeidung und die Aufmerksamkeit.

Korrelationen nach Spearman-Rho	Lernemotionen		Lernmotivation		Anstrengungs-vermeidung	
	r	p	r	p	r	p
Wie gut gelingt dir zu Hause das Arbeiten für die Schule?	.21**	.00	-.37**	.00	.50**	.00
Wie ist Dein Lernerfolg beim Lernen zu Hause?	.29**	.00	-.35	.00	.59**	.00
Wie ist Deine Mitarbeit während des Fernunterrichts?	.08	.00	-.35**	.00	.45**	.00
Wie ist Dein Lernerfolg beim Fernunterricht?	.19*	.00	-.38**	.00	.49**	.00

r = Korrelationskoeffizient, p = Signifikanz (zweiseitig)
** Die Korrelation ist auf dem Niveau von .05 (zweiseitig) signifikant*
*** Die Korrelation ist auf dem Niveau von .01 (zweiseitig) signifikant*

Die Lernmotivation korreliert dagegen negativ mit dem Lernerfolg. Die Korrelationen sind hoch signifikant. Je schlechter ein Schüler oder eine Schülerin seinen bzw. ihren Lernerfolg beim Lernen zu Hause einschätzte, desto niedriger war seine oder ihre Lernmotivation. Bei allen drei Korrelationen muss die Nullhypothese verworfen werden. Die Korrelationskoeffizienten unterscheiden sich bei allen Items signifikant von Null. Überprüft wurde außerdem, ob zwischen den Geschlechtern eine signifikante Korrelation mit Lernerfolgen, der Lernmotivation und der Anstrengungsvermeidung bestand. Wie die Tabelle 6 zeigt, korrelieren allen Variablen des selbst eingeschätzten Lernerfolgs mit der Lernmotivation signifikant negativ. Je schlechter die selbst eingeschätzten Noten für den Lernerfolg waren, desto niedrig war die Motivation beim Lernen zu Hause. Jedoch lassen sich zwischen den Geschlechtern statistisch keine signifikanten Unterschiede feststellen.

Korreliert man den selbst eingeschätzten Lernerfolg mit den Lernemotionen und mit der Anstrengungsvermeidung, so zeigten sich mehr oder weniger starke positive Zusammenhänge: Mit steigenden Lernemotionen stieg auch der selbst eingeschätzte Lernerfolg beim Gelingen der Arbeit für die Schule und umgekehrt.

Tabelle 6: Korrelationen nach Spearman-Rho und die vier Variablen für den selbst eingeschätzten Lernerfolg.

Korrelationen nach Spearman-Rho	Lernemotionen		Lernmotivation		Anstrengungs-vermeidung	
männlich N= 43 weiblich N =105	r	p	r	p	r	p
Wie gut gelingt dir zu Hause das Arbeiten für die Schule?						
männlich	.31*	.04	-.37*	.01	.52**	.00
weiblich	.19	.05	-.38**	.00	.49**	.00
Wie ist dein Lernerfolg beim Lernen zu Hause?						
männlich	.34*	.02	-,37*	.02	.70**	.00
weiblich	.25	.01	-.35**	.00	.55**	.00
Wie ist deine Mitarbeit während des Fernunterrichts?						
männlich	.02	.88	-43**	.00	.51**	.00
Weiblich	.09	.37	-.31**	.00	.42**	.00
Wie ist dein Lernerfolg beim Fernunterricht?						
männlich	.23	.13	-.41**	.00	.63**	.00
weiblich	.13	.18	-38**	.00	.43**	.00

r = Korrelationskoeffizient, p = Signifikanz (zweiseitig)
** Die Korrelation ist auf dem Niveau von 0,05 (zweiseitig)) signifikant.*
*** Die Korrelation ist auf dem Niveau von 0,01 (zweiseitig)) signifikant*

Zwischen den selbst eingeschätzten Lernerfolgen für die Mitarbeit während des Fernunterrichts bzw. zwischen dem Lernerfolg beim Fernunterricht und den Lernemotionen sind die Korrelationen nicht signifikant. Zwischen den Geschlechtern besteht statistisch kein signifikanter Unterschied. Die Anstrengungsvermeidung korreliere stark positiv mit allen Variablen des selbst eingeschätzten Lernerfolgs. Alle Korrelationen sind hoch signifikant. Zwischen den selbst eingeschätzten Lernerfolgen beim Lernen zu Hause und der Anstrengungsvermeidung bestehen signifikante Zusammenhänge: Je höher die Anstrengungsvermeidung einer Schülerin oder eines Schülers beim Lernen zu Hause war, desto schlechter wurde der Lernerfolg eingeschätzt. Zwischen den Geschlechtern besteht statistisch kein signifikanter Unterschied.

6.4 Korrelationsanalysen mit positiven und negativen Emotionen

Bei der vierten Hypothese wurde der Einfluss von positiven bzw. negativen Emotionen auf den Lernaufwand, auf die Lernmotivation und auf die Anstrengungsvermeidung untersucht. Es wurde vermutet, dass zwischen positiven bzw. negativen Emotionen und dem Lernaufwand bzw. der Lernmotivation sowie der Anstrengungsvermeidung keine signifikante Korrelation besteht.

Tabelle 7: Korrelationen zwischen positiven/negativen Emotionen und Lernerfolg, Lernmotivation und Anstrengungsvermeidung.

	Lernerfolg		Lernaufwand		Lernmotivation		Anstrengungs-vermeidung	
	r	p	r	p	r	p	r	p
Positive Lernemotionen								
Spaß	-.57**	.00	.18*	.03	.49**	.00	-.50	.00
Stolz	-.19**	.02	.06	.46	.34**	.00	-14	.00
Negative Lernemotionen								
Ärger	.09	.24	.11	.17	-.35	.67	.45**	.00
Langeweile	.36**	.00	.02	.79	-27**.	.00	.44**	.00
Angst	.35**	.00	-.39	.64	-.62	.45	.60	.00
Hoffnungslosigkeit	.42**	.00	-.17**	.04	-.79	.00	.55**	.00

Wenn du dir dafür eine Note geben würdest: Wie gut gelingt dir zu Hause das Arbeiten für die Schule?
r = Korrelationskoeffizient, p = Signifikanz (zweiseitig)
** Die Korrelation ist auf dem Niveau von .05 (zweiseitig) signifikant*
*** Die Korrelation ist auf dem Niveau von .01 (zweiseitig) signifikant*

Die Korrelationsanalysen erfolgten nach Spearman-Rho. Korreliert man positive Lernemotionen mit der Lernmotivation sowie mit der Anstrengungsvermeidung, so ergeben sich folgende Zusammenhänge (siehe Tabelle 7): Der Spaß beim Lernen zu Hause geht mit einer signifikanten negativen Korrelation sowohl mit dem Lernerfolg als auch mit der Anstrengungsvermeidung einher. Je schlechter ein Schüler oder eine Schülerin sein bzw. ihren Lernerfolg bei der Arbeit für die Schule einschätzt, desto weniger Spaß hat er bzw. sie beim Lernen zu Hause gehabt.

Je höher die Anstrengungsvermeidung war, desto weniger Spaß hat das Lernen zu Hause gemacht. Spaß beim Lernen korreliert stark signifikant positiv mit der Lernmotivation. Je höher die Motivation beim Lernen war, desto höher war die Motivation des Schülers oder der Schülerin. Beim Stolz beim Lernen zu Hause ergibt sich dieselbe Neigung, jedoch ist die Korrelation schwach ausgeprägt. Der Lernaufwand korreliert sehr schwach mit den positiven und den negativen Lernemotionen. Die Korrelationen sind nicht signifikant.

Korreliert man die negative Lernemotionen mit der Lernmotivation und Anstrengungsvermeidung, ergeben sich folgende Zusammenhänge (s. Tabelle 7): Zwischen den negativen Lernemotionen und dem Lernerfolg, dem Lernaufwand und der Anstrengungsvermeidung bestehen signifikante positive Korrelationen. Je schlechter Schülerinnen und Schüler ihren Lernerfolg für das Gelingen ihrer Arbeit für die Schule eingeschätzt haben, desto höher war die Langeweile beim Lernen. Der selbsteingeschätzte Lernerfolg für das Gelingen der Arbeit zu Hause korreliert mittel signifikant positiv mit den negativen Lernemotionen. Die Korrelationen mit dem Ärger sind nicht signifikant. Anstrengungsvermeidung korreliert mit den negativen Lernemotionen stark signifikant positiv und je größer die negativen Emotionen beim Lernen zu Hause waren, desto höher war die Anstrengungsvermeidung. Die Lernmotivation korreliert signifikant stark negativ mit den negativen Lernemotionen.

Fazit: Sowohl positive als auch negative Emotionen beeinflussen das Lernen zu Hause signifikant. Es besteht ein direkter Zusammenhang zwischen Lernemotionen und Lernmotivation sowie Anstrengungsvermeidung.

6.5 Korrelationsanalysen zwischen Lernmotivation, Lernemotionen sowie Anstrengungsvermeidung und technischer Ausstattung

Bei der fünften Hypothese sollte überprüft werden, ob eine Korrelation zwischen der technischen Ausstattung und den Lernemotionen, der Lernmotivation und der Anstrengungsvermeidung besteht. Wie Tabelle 8 zeigt, besteht zwischen der technischen Ausstattung und den Lernemotionen eine schwache signifikante negative Korrelation.

Tabelle 8: Korrelationen nach Spearman-Rho zwischen technischer Ausstattung und Lernemotionen, Lernmotivation sowie Anstrengungsvermeidung.

Korrelationen nach Spearman-Rho	Lernemotionen		Lernmotivation		Anstrengungs-vermeidung	
	r	p	r	p	r	p
Technische Ausstattung	-.24**	.00	.15	.24	-.39**	.00

r = Korrelationskoeffizient, p = Signifikanz (zweiseitig)
*** Die Korrelation ist auf dem Niveau von .01 (zweiseitig) signifikant*

Bezüglich der Anstrengungsvermeidungsneigung besteht eine mittelstark signifikante negative Korrelation. Je schlechter die technische Ausstattung einer Schülerin oder eines Schülers für das Lernen zu Hause war, desto höher war die Anstrengungsvermeidung und desto stärker waren die negativen Lernemotionen. Das heißt, die Nullhypothese muss verworfen werden. Zwischen der technischen Ausstattung und der Lernmotivation besteht keine signifikante Korrelation, daher hat sich die Nullhypothese bewährt.

6.6 Korrelationsanalysen für Lernerfolg und technische Ausstattung

Bei der sechsten Hypothese sollte der Zusammenhang zwischen der technischen Ausstattung und dem selbsteingeschätzten Lernerfolg überprüft werden.

Tabelle 9: Korrelation nach Spearman-Rho mit der technischen Ausstattung und dem selbst eingeschätzten Lernerfolg.

	Gelingen der Arbeit zu Hause		Lernerfolg beim Lernen zu Hause		Mitarbeit beim Fernunterricht		Lernerfolg beim Fernunterricht	
	r	p	r	p	r	p	r	p
Technische Ausstattung	-.23**	.00	-.30**	.00	-.26**	.00	-.24**	.00
	Korrelation nach Geschlecht							
	r	p	r	p	r	p	r	p
männlich	-.24**	.12	-.44**	.00	-.39**	.00	-.39**	.00
weiblich	-.23**	.01	-.23*	.02	-.17	.08	-16	.11

r = Korrelationskoeffizient, p = Signifikanz (zweiseitig)
** Die Korrelation ist auf dem Niveau von .05 (zweiseitig) signifikant*
*** Die Korrelation ist auf dem Niveau von .01 (zweiseitig) signifikant*

Korreliert man die technische Ausstattung mit den selbst eingeschätzten Lernerfolgen, so ergeben sich folgende Zusammenhänge: Zwischen der technischen Ausstattung und den selbst eingeschätzten Lernerfolgen der Schülerinnen und Schüler beim Lernen zu Hause besteht schwach signifikante negative Korrelationen. Je schlechter die technische Ausstattung einer Schülerin oder eines Schülers war, desto schlechter wurden die Noten für den Lernerfolg eingeschätzt.

Betrachtet man den Zusammenhang nach Geschlechtern, stellt man fest, dass alle Korrelationen statistisch nicht signifikant sind. Zwischen den Geschlechtern bestehen keine signifikanten Unterschiede.

7 Diskussion und Ausblick

In diesem Kapitel sollen die Ergebnisse der Untersuchung zusammengefasst, diskutiert, interpretiert und in Bezug auf den aktuellen Forschungsstand eingeordnet werden. Darüber hinaus werden die vorgestellten Forschungsfragen anhand der Hypothesen diskutiert. Abschließend folgen eine Zusammenfassung und ein Fazit.

Bei der vorliegenden Arbeit handelt es sich um eine empirische Untersuchung, deren Anlass die neue, durch die pandemiebedingte Schulschließung im Frühjahr 2020 verursachte Lehr-Lernsituation war. Die theoretischen Grundlagen, auf welchen die Studie basiert, liefern sowohl relevante empirische Untersuchungen sowie empirisch begründete Theorien und Modelle, die vor dem Jahr 2020 entwickelt wurden, als auch aktuelle Forschungsstudien, die in der Zeit der Corona-Pandemie entstanden sind.

Zusätzlich zum Stressfaktor der pandemischen Situation und der Gefährdung der Gesundheit, die vom RKI als hoch eingestuft wurde[19], standen Schülerinnen und Schüler vor der Herausforderung, unter isolierten Bedingungen zu lernen, das Lernen zu Hause selbst strukturieren und Schulaufgaben selbstständig lösen zu müssen. In der vorliegenden Arbeit wird untersucht, ob und wie das Lernverhalten der Schülerinnen und Schüler durch diese besonderen Lernbedingungen beeinflusst wurde. Dafür sollte die Lernsituation nur aus der Perspektive der Schülerinnen und Schüler dargestellt und dabei untersucht werden, ob ein signifikanter Zusammenhang zwischen Lernmotivation, Lernemotionen und Anstrengungsvermeidung beim Lernen zu Hause besteht. Ebenso wurde der Zusammenhang zwischen technischer Ausstattung und Lernmotivation, Lernemotionen, Anstrengungsvermeidung und Lernleistung untersucht. Bezüglich der Lernmotivation- und Lernemotions-Skala muss angemerkt werden, dass die Reliabilität der Daten optimiert werden muss, nicht nur hinsichtlich der Item-Formulierungen, sondern auch bei der Stichprobengröße. Zuverlässige Ergebnisse können laut Mendoza, Stafford und Stauffer (2000) erst ab einer Stichprobengröße von N = 100 geschätzt werden (Mendoza et al. 2000).

---

[19] https://www.rki.de/DE/Content/InfAZ/N/Neuartiges_Coronavirus/Fallzahlen.html

7.1 Lernbedingungen beim Lernen zu Hause

Trotz der negativen Herausforderungen der Corona-Pandemie hatte die Zeit des Fernlernens auch zwei große Vorteile. Zum einen führte die Flexibilisierung von Lernprozessen dazu, dass auch für Schülerinnen und Schüler, bei denen die Tagesstruktur nicht gut gestaltet war oder die zu Hause nicht gut und konzentriert arbeiten konnten (ca. 30 Prozent siehe Abbildung 5), trotzdem die Möglichkeit bestand, sowohl über die Arbeitsphasen und Erholungspausen beim Lernen als auch über die Zeit für die aktive Bearbeitung von Lernaufgaben („time on task") selbst bestimmen und darüber hinaus das eigene Lerntempo selbst regulieren zu können (vgl. Huber et al. 2020b, S. 49). Seidel & Shavelson (2007) beschreiben das „time on task" als eine der bedeutsamsten Komponenten für Lernzuwächse (vgl. Seidel und Shavelson 2007, S. 467). Zum anderen hängt die Qualität der Auseinandersetzung mit dem Lernstoff von der intrinsischen Motivation des Schülers ab, von sich aus und ganz ohne Zwänge zu lernen und selbstbestimmt zu handeln, um ein bestimmtes Ziel zu erreichen (vgl. Deci et al. 1993, S. 226). Dabei wird bei der Qualitätsdimension nicht die Schüleraktivität verstanden, sondern die Tiefe der Auseinandersetzung mit den Unterrichtsinhalten, die Mühe und Anstrengung, die für eine Handlung investiert wird, und die Ausdauer, an der Handlung auch bei negativen Erfahrungen und Hindernissen (Misserfolgen) festzuhalten (vgl. Bandura 1978, S. 142). Diese Besonderheiten des Lernens unter Corona-Bedingungen können jedoch zugleich, wie von Unger, Krämer und Wacker (2020) befürchtet, zur Verstärkung sozialer Ungleichheiten zwischen Schülerinnen und Schülern unterschiedlicher soziokultureller Herkunft führen (vgl. Unger et al. 2020, S. 86). Aber auch eine unstrukturierte Lernumgebung kann verhindern, dass die angenommene Autonomie des Lernens zum Erleben von Autonomie und Kompetenz führt (vgl. Klieme 2020, S. 127). Ohne Zweifel ist durch die Schulschließungen viel Lernzeit weggefallen. Besonders leistungsschwache Schülerinnen und Schüler, die zudem noch ungünstige Lernvoraussetzungen und/oder problematische familiäre Ausgangsbedingungen hatten (vgl. Abbildung 5), benötigen auch im Präsenzunterricht klare Zielvorgaben, Strukturierung und eine gute Organisation der Lernaktivitäten. Häufig sind diese Schüler nicht in der Lage, das Lernen selbst zu regulieren oder aus offenen Lernimpulsen heraus zu lernen. Daher ist es die Aufgabe der Lehrkraft, für diese Schülerinnen und Schüler, die besondere Unterstützung benötigen, schülerorientierte oder binnendifferenzierte Methoden anzuwenden (ebd. 130). Eine Studie von Hamre und Pianta (2005) zeigt, dass die Kombination der drei Dimensionen „organizational support", „emotional support" und „instructional support" Schülerinnen und Schüler mit Lernschwierigkeiten besonders fördert. Dabei kann eine positive Interaktion mit der Lehrkraft und mit Mitschülern zu einer höheren Lernmotivation führen (vgl. Hamre und Pianta, S. 962). Die Ergebnisse der vorliegenden Untersuchung zeigen auch, dass sich die große Mehrheit der Schülerinnen und Schüler von ihren Eltern unterstützt fühlt (vgl. Abbildung 5). Für den Lernerfolg der Schülerinnen und Schüler spielt das Elternhaus eine entscheidende Rolle (vgl. Otterpohl und Wild 2017, S. 3; vgl. Hattie 2018). Deci und Ryan (1993) sind der Auffassung, dass Schülerinnen und Schüler aus Elternhäusern mit einer großen Unterstützung des Lernprozesses auch hohe Grade an internalisierter Motivation aufweisen (vgl. Deci et al. 1993, S. 232). Eltern sollten als aktive Mitgestalter und Begleiter wirken, dabei nicht zu viel in den Lernprozess eingreifen und doch so viel Unterstützung wie nötig geben, um das selbstständige Lernen ihrer Kinder zu fördern (vgl. Pomerantz et al. 2006). Demzufolge sollten die Eltern ihren Kindern Hilfestellungen anbieten, aber nur dann, wenn sie diese benötigen und erfragen. Porsch und Porsch zeigen, dass Druck, Aufdringlichkeit und Dominanz der Eltern negative Folgen für das kindliche Autonomie- und Kompetenzerleben haben können (vgl. Porsch und Porsch 2020, S. 65). Neben der emotionalen Unterstützung (vgl. Holtgrewe et al. 2020, S. 14) mussten Eltern in dieser herausfordernden Situation auch für geeignete Lernbedingungen zu Hause, für die Gestaltung des Lernumfelds und für die notwendige technische Ausstattung ihrer Kinder sorgen. In der vorliegenden Untersuchung gaben 67 Prozent der Schülerinnen und Schüler an, dass sie gute Lernbedingungen, Ruhe und Konzentration beim Lernen zu Hause hatten und 80 Prozent, dass sie ungestört beim Fernunterricht arbeiten konnten (siehe Abbildung 5).

7.2 Lernaufwand der Schülerinnen und Schüler beim Lernen zu Hause

Die Datenanalyse ergab eine hohe Zustimmung zur Aussage, dass die Arbeitsweise der Klassen sich nach einem Stundenplan und nach festgelegten Zeiten für Videokonferenzen richtete (vgl. Abbildung 4). Eine solche Festlegung des Unterrichts nach einem Plan sollte zur Strukturierung der Lernzeit der Schülerinnen und Schüler beigetragen. Damit war die Teilnahme an einem gemeinsamen Fernunterricht in Form von Videokonferenzen für die ganze Klasse oder für Lerngruppen festgelegt. Außerhalb des Unterrichts beschäftigten sich Schülerinnen und Schüler mit der Bearbeitung von Arbeitsaufträgen (vgl. Abbildung 5) aber auch mit anderen Aktivitäten wie Lesen, Musizieren oder Bewegung (vgl. Wößmann et al. 2020, S. 39).

Mit der ersten Forschungsfrage dieser Arbeit wird untersucht, wie groß der zeitliche Lernaufwand der Schülerinnen und Schüler beim Zu-Hause-Lernen war. Die Ergebnisse zeigen, dass ca. 36 Prozent der Schülerinnen und Schüler nur bis zu zwei Stunden am Tag für schulische Aktivitäten aufgewendet haben. Im Durchschnitt haben die Schülerinnen und Schüler 4.2 Stunden pro Tag mit Lernen verbracht (vgl. Abbildung 3). Diese Ergebnisse decken sich mit den Befunden einer Studie des Ifo-Instituts, bei der von einem Schnitt von 4.3 Stunden am Tag während der zweiten Schulschließung berichtet wird. Vor den Corona-bedingten Schulschließungen haben nach Wößmann et al. Schülerinnen und Schüler im Durchschnitt 7.4 Stunden pro Tag gelernt, davon 5.9 während des Schulbesuchs und 1.5 Stunden bei Schulaufgaben zu Hause (vgl. Wößmann et al. 2021, S. 38; Wößmann et al. 2020, S. 28). Das deutet darauf hin, dass sich der Lernaufwand von Schülerinnen und Schülern um 3.2 Stunden verringert hat. Andere Studien berichten von Lernzeiten, die sogar darunter lagen. Während bei den Schülerbefragungen des Schulbarometers während der Schulschließung der durchschnittliche Lernaufwand 2.7 Stunden pro Tag betrug, lag der Durchschnitt bei den Befragungen von Letzel et al, 2020, Lockl et al, 2020 und Holtgreve et. al. 2020 bei 3.5 Stunden Lernaufwand pro Tag (vgl. Holtgrewe et al. 2020, S. 7; Letzel et al. 2020, S. 169; Lockl et al. 2021, S. 5; Helm et al. 2021, S. 263–264; Unger et al. 2020, S. 90). Bei Schülerinnen und Schülern, die sich unter zwei Stunden pro Tag mit schulischen Aktivitäten beschäftigt haben, deuten die Ergebnisse auf starke motivationale Probleme beim Lernen zu Hause hin. Beispielsweise gab ein Drittel der Befragten an, dass „die *Konzentration zu Hause bei den Aufgaben nicht lange anhält“* und *„es fällt mir zu Hause schwer, beim Lernen bei der Sache zu bleiben“* (vgl. Abbildung 10).

Die Korrelationsanalysen zeigen, dass der Lernaufwand der Schülerinnen und Schüler pro Tag mit einer signifikant schwachen bis mittelstarken negativen Korrelation mit dem Lernerfolg beim Lernen zu Hause und mit dem Lernerfolg beim Fernunterricht einhergeht. Die negativen signifikanten Korrelationen zeigen, dass je schlechter sich Schülerinnen und Schüler bei ihrem Lernerfolg selbst einschätzten, desto geringer war die Lernzeit pro Tag (vgl. Tabelle 1). Andere Studien zeigen, dass zwischen Lernleistung und Lernzeit keine Beziehung vorliegt, sondern viel mehr andere Voraussetzungen eine Rolle spielen (vgl. Hesse 1994, S. 148). Nach dem Modell von Caroll (1963) sind diese Voraussetzungen die Unterrichtsqualität, eine hohe Schülermotivation und genügend Lerngelegenheiten. Nach diesem Modell kann eine Schülerin oder ein Schüler mit einer bestimmten Fähigkeitsausprägung schneller lernen, wenn die Unterrichtsqualität hoch ist. Ist die Qualität niedrig, lernen sie langsamer (vgl. Carroll 1963, S. 727–728).

7.3 Mittelwertvergleiche zwischen den Geschlechtern und dem Lernaufwand

In Tabelle 10 ist zu erkennen, dass die mittleren Rangwerte für Mädchen und Jungen signifikant unterschiedlich sind. Die Lernzeit pro Tag war bei den Mädchen höher als bei den Jungen. Diese Befunde decken sich mit jenen der Schülerbefragung der „JIMplus Corona“-Studie (vgl. Rathgeb 2020). Es ist davon auszugehen, dass Schülerinnen und Schüler, die viel Zeit fürs Lernen aufgewendet haben (25 Stunden in der Woche oder mehr), sich in ihrer Lernmotivation und Anstrengungsvermeidung von anderen, die wenig Zeit mit schulischen Aufgaben (9 Stunden pro Woche oder weniger) verbracht haben, grundsätzlich unterscheiden (vgl. Huber et al. 2020b, S. 37). Anhand von deskriptiven Analysen erstellten Huber und Helm (2020) Zusammenhanganalysen beider Gruppen: Während bei der ersten Gruppe eine positive Haltung zum Fernunterricht und die damit verbundenen Möglichkeiten des selbstbestimmten und selbstverantwortlichen Lernens im Vordergrund stand, äußerten sich Schülerinnen und Schüler aus der zweiten Gruppe kritisch über die Situation des Fernlernens und benötigen mehr Unterstützung von der Lehrkraft (vgl. Huber und Helm 2020a, S. 40–41).

7.4 Mittelwertvergleiche zwischen den Geschlechtern und Anstrengungsvermeidung, Lernmotivation und Lernemotionen

Zur Frage, ob zwischen den Geschlechtern Unterschiede im Zusammenhang mit Lernmotivation, Lernemotionen und Anstrengungsvermeidung sowie der Lernsituation zu Hause besteht, ergaben die statistischen Analysen keinen signifikanten Unterschied bei der Lernmotivation und der Anstrengungsvermeidung (vgl. Tabelle 12). Gegenteilige Ergebnisse erhielten jedoch Lockl et al. 2020. Bei dieser Befragung gaben Eltern an, dass häufig Jungen schwerer zum Lernen zu Hause zu motivieren waren als Mädchen, unabhängig von der Schulform und vom akademischen Hintergrund der Eltern (ebd. S. 4). Die Metaanalyse der vorliegenden Studie lässt erkennen, dass Mädchen höhere Emotionen beim Lernen aufwiesen als die Jungen (s. Tabelle 12). In der Emotionsforschung wird von „Emotionsregulationsstrategien" gesprochen, die einen wesentlichen Bestandteil der emotionalen Kompetenz bilden (vgl. Hagenauer und Hascher 2013, S. 108). Frühere diesbezügliche Forschungsarbeiten legen nahe, dass Frauen bei der Bewältigung von negativen Emotionen weniger adaptive Strategien als Männer anwenden, d.h. bei der Emotionsregulation setzen Frauen häufiger stressreduzierende Strategien wie z.B. Bagatellisierung, Ablenkung und positive Selbstinstruktion ein als Männer (vgl. Garnefski et al. 2004, S. 268; Lange und Tröster 2015, S. 102). Untersuchungen von Helmke und Weinert (1997) zeigen, dass sowohl eine bereichs- als auch eine geschlechtsspezifische Analyse der Lernfreude sinnvoll ist. Mädchen zeigen eine höheren Lernfreude im Fach Deutsch, während Jungen die höhere Lernfreude im Fach Mathematik entfalten (Weinert und Helmke 1997; Lehrl und Richter 2018, S. 62).

7.5 Korrelation zwischen Leistungsunterschieden beim Lernen zu Hause und Anstrengungsvermeidung, Lernemotionen und Lernmotivation

Die Ergebnisse der statistischen Datenanalysen deuten darauf hin, dass sowohl Mädchen wie auch Jungen trotz der pandemiebedingten Einschränkungen und der Lernsituation zu Hause und trotz motivationaler Probleme insbesondere bei der Erledigung von Lernaufgaben ihre Arbeit für die Schule als gelungen einschätzen. Die Durchschnittsnote der vier Varianzen des selbst eingeschätzten Lernerfolgs lag bei 2.6 für Schülerinnen und Schüler gleichermaßen. Allerdings lässt sich mit diesem Befund nicht klären, ob es sich um eine Verbesserung oder Verschlechterung der Leistung beim Fernunterricht handelt, da es keine Selbstbewertungen der Schülerleistungen aus der Zeit zuvor gab (vgl. Abbildung 12). Aus diesem Grund stellt sich die Frage, ob die Selbsteinschätzungen mit den tatsächlichen Leistungen der Schülerinnen und Schüler in einem realistischen Zusammenhang stehen. Möglicherweise handelt es sich um eine zu optimistische Einschätzung. Jedoch kann eine positive Selbsteinschätzung unabhängig von der tatsächlichen Leistung zur Erhöhung der Lernmotivation führen, was wiederum eine positive Wirkung auf die Lernbereitschaft haben kann (vgl. Martschinke und Frank 2002, S. 192; Bouffard et al. 2003, S. 33). Durch eine Datenanalyse mittels Korrelation von Spearman-Rho wurde untersucht, ob es zwischen den Geschlechtern einen signifikanten Unterschied bezüglich des selbst eingeschätzten Lernerfolgs und Anstrengungsvermeidung, Lernemotionen und Lernmotivation gibt. Die Ergebnisse der Korrelation zeigen, dass je schlechter Schülerinnen und Schüler ihren Lernerfolg beim Lernen zu Hause einschätzten, desto niedriger war ihre Lernmotivation. Je höher die Anstrengungsvermeidung der Schülerinnen und Schüler beim Lernen zu Hause war, desto schlechter wurde der Lernerfolg eingeschätzt. Jedoch bestand zwischen den Geschlechtern keine statistisch signifikante Korrelation zwischen den selbsteingeschätzten Noten für den Lernerfolg und Anstrengungsvermeidung, Lernemotionen und Leistungsmotivation. Dagegen bewirken negative Selbsteinschätzungen oft Anstrengungsvermeidung bei mangelnder Erfolgszuversicht, so dass es zu einer negativen Rückkopplung zwischen Selbstkonzept und tatsächlicher Leistung kommen kann (vgl. Praetorius et al. 2016, S. 4). Schätzen sich Schülerinnen und Schüler positiv ein, wirkt es wie eine Art „Zusatzmotor“ (vgl. Helmke 1998, S. 130) mit nachhaltiger Wirkung auf zukünftige Lernleistungen.

7.6 Korrelation zwischen positiven bzw. negativen Lernemotionen und Anstrengungsvermeidung bzw. Lernmotivation

Die Korrelationen zwischen positiven Lernemotionen und Lernmotivation waren positiv, mit Anstrengungsvermeidung korrelieren positive Emotionen negativ (vgl. Tabelle 7). Je mehr Spaß Schülerinnen und Schüler beim Lernen zu Hause hatten, desto besser ist das schulische Arbeiten gelungen. Je höher die Lernmotivation war, umso geringer war die Tendenz zur Anstrengungsvermeidung. Die Ergebnisse zeigen, dass bei der Erledigung von Lernaufgaben manche Schülerinnen und Schüler negative

Emotionen wie Ärger, Hoffnungslosigkeit, Langeweile, Wut und Angst entwickelten. Schülerinnen und Schüler mit höherer Anstrengungsvermeidungstendenz entwickelten stärkere negative Emotionen (vgl. Tabelle 7). Während positive Emotionen aktivierend auf Lernprozesse wirken, haben negative Emotionen eine hemmende Wirkung aufs Lernen (vgl. Huber 2017, S. 99). Nach der Kontroll-Wert-Theorie der Leistungsemotionen von Pekrun müssen Emotionen in den Lernprozessen nicht nur durch ihre Valenz (positiv/negativ), sondern besonders aufgrund ihres Aktivierungspotentials (aktivierend/deaktivierend) kategorisiert werden. Dieses ist von verschiedenen Faktoren wie persönlichen Erwartungen und Zielen sowie von äußeren Rahmenbedingungen abhängig (vgl. Pekrun 2006, S. 328).

Schülerinnen und Schüler mit motivationalen und volitionalen Problemen zeigen höhere Anstrengungsvermeidung (vgl. Abbildung 7) und ein typisches Lernverhalten, z.B. zögerliche Erledigung von Schulaufgaben, verspätetes Erscheinen bei Videokonferenzen und im Fernunterricht apathisches Verhalten (vgl. Abbildung 10). Bei der Mitarbeit im Fernunterricht warten sie lieber ab, bis andere sich melden und die richtige Lösung für die Aufgabe einbringen. Oft kam es zu Vortäuschungen, z.B. wenn Schülerinnen und Schüler sich bei Videokonferenzen angemeldet haben und dabei die „Unsichtbarkeit" im Fernunterricht nutzten, indem sie Kamera und Mikrofon ausschalteten, um sich im Hintergrund mit anderen Dingen zu beschäftigen oder ganz abwesend zu sein (vgl. Steinl und Vogelsaenger 2020, S. 185). Als Folge kam es zu Verzögerungen bei der Bearbeitung und bei Abgabeterminen von Arbeitsaufträgen und zur Nichteinhaltung von Abgabeterminen (vgl. Huber et al. 2020a, S. 37). Rolletts Untersuchungen zeigen in diesem Zusammenhang, dass sich Kinder mit hoher Anstrengungsvermeidungstendenz mehr mit Fernsehen beschäftigten als Nichtvermeider und außerdem selten ohne Störung oder Unterbrechung ihre Hausaufgaben machen (vgl. Rollett 2004, S. 89). Es kommt auf die innere Motivation der einzelnen an, sich selbst zu steuern und den eigenen Lernfortschritt im Blick zu behalten (vgl. Lockl et al. 2021, S. 6).

Für mehr als die Hälfte der Schülerinnen und Schüler ist das Lernen zu Hause viel zu anstrengend. Eine Erklärung dafür könnte die Dauer der Pandemie sein, denn Schülerinnen und Schüler gaben an, dass ihre Motivation während der Schulschließungen nachgelassen hat (vgl. Abbildung 8). Diese Befunde weisen in eine ähnliche Richtung wie andere Studien (vgl. Holtgrewe et al. 2020, S. 5; JIM_Studie III

2020, S. 19; Tengler et al. 2020, S. 23). Dazu kommen die erlebten Belastungen, die die Corona-Pandemie mit sich gebracht hat (vgl. Huber und Helm 2020a, S. 41). Leistungsstarke Schülerinnen und Schüler dagegen haben die Möglichkeit des selbstständigen Lernens positiv genutzt. 46 Prozent der befragten Schülerinnen und Schüler gaben an, Spaß daran zu haben, selbstständig zu lernen (siehe Abbildung 9). Zwei wichtige Aspekte der Einstellung der Schülerinnen und Schüler zur Schule und zum schulischen Lernen sind Anstrengungsbereitschaft und Lernfreude (vgl. Lehrl und Richter 2018, S. 59). Eine negative affektive Einstellung gegenüber schulischen Misserfolgen führt zu einer Vermeidungshaltung und auf Dauer zu kumulativen Misserfolgen und Leistungsdefiziten (vgl. Helmke, S. 77). Zudem führt sinkende Leistungsfähigkeit zu negativen psychologischen Reaktionen und kann dadurch negative Emotionen wie Angst und Stress beim Lernen auslösen (vgl. Cramer et al. 2019, S. 12).

7.7 Lernmotivation bei der Bearbeitung von Lernaufgaben

Die Folgen der geringeren Lernmotivation bei der Bearbeitung von Lernaufgaben sind ein Verlust des Interesses am Lernstoff und eine negative Disposition gegenüber schulischer Arbeit. Empirische Untersuchungen von Besa, Gensler und Gesang (2020) zeigen, dass sich das Kompetenzgefälle zwischen den Schülerinnen und Schülern über die Zeit des Fernlernens noch vergrößert haben dürfte. Angesichts dieses Befundes erscheint eine bewusste Gestaltung der eingesetzten Lernmaterialien für das Lernen zu Hause als umso wichtiger (vgl. Besa et al. 2020, S. 49). Im Umgang mit der Heterogenität der Schülerinnen und Schüler wird über die Individualisierung von Unterrichtsmaterialien diskutiert (Bohl et al. 2017, S. 14; Helmke 2021, S. 257). Jedoch stellt der Einsatz von individuellen Lernmaterialien, die an die Lernvoraussetzungen der Schülerinnen und Schüler angepasst sind, einerseits hohe Ansprüche an die Professionalität der Lehrkräfte, andererseits führt er zu einer Verschiebung der Verantwortung für den Lernprozess und seiner Kontrolle auf die Schülerinnen und Schüler (vgl. Bohl et al. 2017, S. 259). Helmke betrachtet vier wirkungsmächtige Faktorenbündel des individualisierten Lernens in der Schule: Die kognitive und soziale Aktivierung durch reziprokes Lehren und Lernen, Lernstrategien und kooperatives Lernen; die Klarheit und Strukturiertheit, bei der die Lehrkraft die aktive Begleitung des Lernprozesses übernimmt; das lernförderliche Unterrichtsklima, das zu einer positiven

Lehrer-Schüler-Beziehung, zu Fehlertoleranz sowie zu gegenseitigem Respekt und Wertschätzung führt und das Feedback, wodurch das Lernen sichtbar gemacht wird (Hattie 2012; Helmke 2021, S. 190–239). Aber gerade unter Corona-Lernbedingungen hat keine direkte Interaktion zwischen Lehrenden und Lernenden stattgefunden. Somit sind die Möglichkeiten der gemeinsamen Verständigung und Klärung von Aufgaben entfallen. „Ein unzutreffend eingeschätzter Arbeitsaufwand oder ein nicht klar benannter Gütemaßstab bezüglich des Umfangs, der Genauigkeit und der Sorgfältigkeit bedeutet für Kinder und Jugendliche Überforderung“ (Kohler 2017, S. 12). Andere Untersuchungen zeigen, dass Hausaufgaben von „vielen Schülerinnen und Schülern widerwillig gelöst, von Eltern als Belastung empfunden sowie von Lehrkräften halbherzig gestellt und ungern korrigiert werden“ (vgl. Aebli 1997, S. 208). Jedoch verweisen Befunde aus der Hausaufgabenforschung auf den positiven Einfluss von häufigen Hausaufgaben auf die Lernerfolge (vgl. Trautwein et al. 2001b, S. 722). Sie führen zu mehr Lernzeit („time on task“) und damit zum Lernerfolg (Carroll 1963, 1973). Je länger Schülerinnen und Schüler lernen, desto mehr Wissen erlangen sie unter gleichen Lernbedingungen im Vergleich zu denjenigen, die weniger Zeit fürs Lernen aufwenden. Hausaufgaben bieten zusätzliche Lerngelegenheiten und ermöglichen durch Übungen oder andere Lernaktivitäten das Vertiefen oder Erweitern des Lernstoffs (Carroll 1973). Dabei korreliert der Lernerfolg in einer direkten linearen Funktion mit der aufgewendeten Lernzeit (vgl. Trautwein et al. 2001a, S. 704). Metaanalysen zeigen einen überwiegend signifikanten Hausaufgabeneffekt, der sich besonders bei den Schülerinnen und Schülern der höheren Klassenstufen zeigt, weniger bei den jüngeren Schülerinnen und Schülern (Cooper et al. 2006; Hattie 2009).[20]

7.8 Korrelation zwischen Lernerfolg und technischer Ausstattung

Die Datenanalyse der Korrelationen nach Spearman-Rho zeigt eine signifikante negative Korrelation zwischen der technischen Ausstattung und der Lernmotivation, den Lernemotionen und der Anstrengungsvermeidung (vgl. Tabelle 8). Je schlechter

---

[20] https://www.bbc.co.uk/sounds/play/p0252t4j

die technische Ausstattung eines Schülers zu Hause war, desto höher war die Anstrengungsvermeidung. Zwischen der technischen Ausstattung und der Lernmotivation besteht keine signifikante Korrelation, daher hat sich die Nullhypothese bewährt. Zwischen den Geschlechtern bestehen dabei keine signifikanten Unterschiede. Vergleichbare Untersuchungen von Unger, Krämer und Wacker (2020) haben keine signifikante Korrelation zwischen Lernerfolg und technischer Ausstattung ergeben. Die Autoren weisen darauf hin, dass die Anschaffung technischer Geräte alleine noch keinen Erfolg im Fernunterricht garantiert (vgl. Unger et al. 2020, S. 96). Während der Kontaktbeschränkungen wurden digitale Medien auch für den Austausch zwischen Schülerinnen und Schülern untereinander und mit Lehrerinnen und Lehrern genutzt. Um mit den Schulaufgaben zu Hause voranzukommen, haben ca. 70 Prozent der Schülerinnen und Schüler Kontakt mit den Lehrkräften aufgenommen (vgl. Abbildung 11). Die Mehrheit nutzte die Lernplattform zur Abgabe von Schulaufgaben. Zum Lehrkraft-Feedback zu den bearbeiteten Aufgaben gab etwas mehr als die Hälfte an, dass die Hausaufgaben nicht regelmäßig überprüft wurden und fast die Hälfte bemängelte, keine Rückmeldung zu den Aufgaben bekommen zu haben. Vor allem während der Schulschließungen fehlte den Schülerinnen und Schülern der direkte Vergleich „*Face to Face*" mit Mitschülern, Diskussionsmöglichkeiten und eine gemeinsame Ideenentwicklung. Dagegen ermöglichen Rückmeldungen der Lehrkraft, unter den Einschränkungen der Pandemie konstruktiv Unterstützung zu leisten (vgl. Voss und Wittwer 2020, S. 615).

Die Ergebnisse zeigen auch, dass es zwischen den Schülerinnen und Schülern einen starken Austausch beim Lernen gab. Ca. 90 Prozent geben an, mit Mitschülerinnen und Mitschülern kommuniziert zu haben, wenn sie mit den Aufgaben nicht vorangekommen sind (siehe Abbildung 12). Diese Austauschmöglichkeit deutet auf den Aufbau von kooperativen und konstruktiven Lernformen hin, bei welchen die Schülerinnen und Schüler voneinander profitieren. Als lernwirksames Instrument im Fernunterricht könnte das als positive Entwicklung des Lernens weiter genutzt werden. Das heißt, dass für den Lernerfolg nicht nur relevant ist, wieviel Unterricht erteilt wird, sondern auch in welcher Qualität (vgl. Westermann 2021, S. 8), damit letztlich auch Selbstständigkeit und Selbstwirksamkeit gefördert werden kann.

Durch die strikten Kontaktbeschränkungen bei der Schulschließung im Frühjahr 2020 beschäftigten sich Schülerinnen und Schüler im Durchschnitt 5.2 Stunden pro Tag mit

Aktivitäten wie Fernsehen, Computer und Handyspielen oder dem Konsum von sozialen und Online-Medien, bei der Schulschließung im Frühjahr 2021 waren es 4.6 Stunden pro Tag (vgl. Wößmann et al. 2021, S. 39–40). Eine negative Auswirkung der Schulschließungen auf Kinder und Jugendliche wird vermutet. Über 85 Prozent gaben bei der Befragung des Ifo-Instituts an, sich während der Corona-Pandemie deutlich seltener mit ihren Freundinnen und Freunden getroffen zu haben (ebd. 44). Im Präsenzunterricht dagegen soll dafür gesorgt werden, dass Schülerinnen und Schüler mehr soziales Miteinander erleben. Empirisch konnte Hascher bestätigen, dass das Wohlbefinden der Kinder und Jugendlichen in der Schule der Gewährleistung und gezielten Gestaltung lern- und lernerforderlicher Schulumgebungen bedarf. Die Komponenten des Wohlbefindens beinhalten Emotionen (wie Freude) und Kognitionen (wie Einstellungen). Hierzu gehören unter anderen Freudeerlebnisse in der Schule (z.B. durch Anerkennung durch die Lehrkräfte), positive Einstellungen zur Institution (z.B. als eine bedeutungsvolle Lernumgebung) und ein schulischer Selbstwert, in dem sich die Überzeugung, schulische Anforderungen bewältigen zu können, wiederspiegelt (Hascher und Hagenauer 2011, S. 286–287).

Mit dem Einsatz von neuen Technologien und Kommunikationssystemen verändert sich unser Wissen rasant. Auch in der Schule und bei anderen Weiterbildungsträgern durchdringen digitale Medien die formellen Lernprozesse (Hugger und Walber 2010, S. 9). Die Lernenden, die mit den neuen Technologien aufwachsen, sind in der Lage, jeweils spezifische Vorgehensweisen zur Sammlung, Aufnahme, Organisation, Speicherung und Nutzung neuer Informationen auszuwählen, anzuwenden und den situativen Umständen entsprechend flexibel zu adaptieren“ (Wild 2006, S. 427). Zwar hat sich die Nutzung digitaler Medien zu Hause im Rahmen von Computerspielen oder in der Freizeit in letzter Zeit stark verbreitet (vgl. JIM_Studie III 2020), jedoch war die Umstellung auf Fernunterricht dennoch eine Herausforderung sowohl für die Lernenden als auch für die Lehrenden, denn nur wenige verfügten über die notwendigen IT-Kenntnisse. Je nach Alter der Kinder und Jugendlichen erfolgte der Einsatz von digitalen Medien im Fernunterricht mehr oder weniger selbstständig. Die Jüngeren konnten oft mit Unterstützung der Eltern die Nutzung der digitalen Lernplattform erlernen und in ihren Lernprozess einbinden (vgl. Huber und Helm 2020b, S. 23). Mit den neuen Technologien können Lernprozesse gesteuert, organisiert und verbessert werden. Schülerinnen und Schüler haben die Möglichkeit, autonom und ergänzend über digitale Angebote wie Lerntools, Erklärvideos, LernApps, u.a. auf den Unterrichtsstoff zurückgreifen (Anger und Plünnecke 2020, S. 2). Das heißt, selbstgesteuertes Lernen greift in einem hohen Maße auf fremdproduziertes Lehrmaterial zurück (Forneck 2002, S. 256). Wichtig ist vor allem, dass selbstgesteuertes Lernen in professionell geplanten Lernkontexten stattfindet (ebd. S. 257). Die Chancen für positive Veränderungen an Schulen sind jetzt besser als je zuvor, um nicht in die alten Strukturen mit Frontal- und lehrerzentriertem Unterricht zurückzukehren.

7.9 Zusammenfassung

Mit der vorliegenden Studie wurde untersucht, ob das Lernverhalten von Schülerinnen und Schülern unter den besonderen Lernbedingungen der Corona-Pandemie beeinflusst wurde. Dabei war es von zentraler Bedeutung, die Lernsituation sowie den Zusammenhang zwischen Anstrengungsvermeidung, Lernmotivation und Lernemotionen beim Lernen zu Hause zu untersuchen. Darüber hinaus sollte der Zusammenhang zwischen Lernmotivation und Lernleistung sowie zwischen technischer Ausstattung und Lernmotivation untersucht werden. Daneben wurde auch geprüft, ob es beim Lernverhalten und dessen möglicher Änderung Unterschiede zwischen den Geschlechtern gibt.

An der vorliegenden Studie haben 148 Schülerinnen und Schüler eines Gymnasiums im Baden-Württemberg teilgenommen. Die Befragung hat von Mitte Mai bis Anfang Juni 2021 stattgefunden. Zu dieser Zeit wurde in den Schulen im Wechselunterricht unterrichtet. Den Fragebogen haben Schülerinnen und Schüler im Alter zwischen 10 und 18 Jahren aus den Jahrgangsstufen fünf bis elf bearbeitet, während sie Präsenzunterricht hatten. In dieser Befragung wurden verschiedene Aspekte über das Lernen zu Hause in Zeiten der Corona-Pandemie abgefragt. Die Eingrenzung des Themas erfolgte anhand von fünf Forschungsfragen, die mit Hypothesen überprüft wurden.

Bei den Ergebnissen ist besonders die hohe Bereitschaft der Schülerinnen und Schüler hervorzuheben, am Fernunterricht teilzunehmen, sowie die Anstrengung, die Aufgaben zu schaffen und die Abgabefristen einzuhalten. Es wurde gezeigt, dass die Organisation des Fernunterrichts nach Stundenplan nicht nur ermöglicht hat, dass die Schülerinnen und Schüler einen geregelten Tagesablauf zum Lernen hatten, sondern auch, dass das Lernen im Klassenverband stattgefunden hat. Damit kam es zu einem regelmäßigen Kontakt und sozialen Austausch zwischen den Schülerinnen und Schülern und den Lehrkräften. Während der Corona-Pandemie erfolgte der Ausbau von Lernmedien und Lernplattformen, die sowohl für die Schulorganisation als auch für die individuelle Lernplanung und -dokumentation eingesetzt wurde. Über 90 Prozent der Schülerinnen und Schüler gaben an, über die technische Ausstattung und die Ressourcen zu Hause zu verfügen, womit der Lernprozess kontinuierlich fortgesetzt und Lerninhalte digital zur Verfügung gestellt werden konnten.

Während der Schulschließungen hat das schülerzentrierte Lernen eine höhere Priorität bekommen: Anhand der Ergebnisse wird angenommen, dass die meisten Schülerinnen und Schüler Verantwortung für das eigene Lernen übernommen haben. Leistungsstarke Schülerinnen und Schüler haben gelernt, selbständig über Lernzeiten, Intensität und Ausdauer des Lernens zu entscheiden. Die Annahme eines selbstregulierten Lernens basiert auf einem aktiven und reflexiven Individuum, das in der Lage ist, zwischen Lernhandlung, Lerngegenstand, Lernzielen und persönlichen kognitiven und motivationalen Lernressourcen selbst zu bestimmen, zu steuern und zu regulieren (vgl. Wirth 2004, S. 19). Die Lernprozesse, die dabei entstehen, lassen sich anhand des Schichten-Modells von Boeckaerts erklären (Boekaerts 2008). Dieses enthält die drei wichtigen Komponenten „selbst", „reguliert" und „lernen". Wobei „lernen" die Regulation des Informationsprozesses beschreibt, bei dem kognitive Lernstrategien ausgewählt, kombiniert und koordiniert werden (Wirth 2004, S. 22). Die Regulierung des Lernens umfasst metakognitives Wissen und Strategien. Dabei geht es darum, Strategien zu entwickeln beim Lernen, Planen, Überwachen, Bewerten und wenn nötig beim Korrigieren. Bei der Regulation des „Selbst" geht es einerseits um die Festlegung von Zielen beim Lernen und um die notwendigen Ressourcen für das Erreichen der Ziele, anderseits um persönliche motivational-volitionale Prozesse (vgl. Otto et al. 2011, S. 33). Das Lernen allein zu Hause erfordert jedoch ein hohes Maß an Disziplin, Organisation und Motivation. Die Ergebnisse zeigen, dass die Mehrheit der Schüler mit dem Lernen zu Hause zufrieden war. Etwa die Hälfte hat gern selbstständig im Fernunterricht gelernt. Nach Angaben der Schüler haben sie zwar mit den Lehrkräften aber überwiegend mit Mitschülern kommuniziert, um Verständnisfragen zu lösen oder gemeinsam nach Lösungswegen zu suchen. Jedoch ist bei einem Drittel der Kinder und Jugendlichen das Lernen zu Hause überhaupt nicht gelungen. Gründe dafür sind eine fehlende Tagesstruktur oder wenig Kontrolle von Seiten der Eltern bei Zeitvorgaben für Lernen bzw. für Spielen, eine geringe Motivation zum Lernen und eine hohe Anstrengungsvermeidung. Offensichtlich ist die Effektivität des Lernens zu Hause bei leistungsschwachen Schülerinnen und Schülern sehr eingeschränkt (vgl. Lockl et al. 2021, S. 5). Auch beim Lernaufwand sind die zwei Gruppen von Schülern zu erkennen. Die erste Gruppe (35 Prozent), bei der sich Schülerinnen und Schüler über fünf Stunden pro Tag intensiv mit schulischen Aufgaben beschäftigen, was auf eine hohe Eigenständigkeit und eine starke innere

Motivation beim Lernen hinweist. Nach der Lerntheorie handelt es sich um Selbstwirksamkeit, eine positive Überzeugung von den eigenen Fähigkeiten, die dazu führt, in der Lage zu sein, Lernhandlungen erfolgreich auszuführen und die gewünschten Ziele zu erreichen (vgl. Egger 2015b, S. 283). Die zweite Gruppe (35 Prozent) sind Schülerinnen und Schüler, die unter einer Stunde pro Tag etwas für die Schule getan haben; hier sind starke Motivationsprobleme und hohe Anstrengungsvermeidungstendenzen zu erkennen. Empirisch lässt sich zeigen, dass das Lernverhalten der Schülerinnen und Schüler stark mit Lernmotivation, Lernemotionen und Anstrengungsvermeidung korreliert. Es wurde gezeigt, dass ein signifikanter Zusammenhang zwischen Lernleistung und Anstrengungsvermeidung beim Lernen zu Hause besteht. Je motivierter die Schülerinnen und Schüler beim Lernen waren, desto geringer war die Tendenz, schlechte Lernleistung zu bringen, desto positiver waren die Emotionen beim Lernen und desto niedriger war die Anstrengungsvermeidung. Schülerinnen und Schüler mit einer niedrigen Leistungserwartung zeigten eine geringere Motivation und geringere Selbstwirksamkeitserwartungen. Diese Ergebnisse decken sich mit den Befunden anderer empirischen Untersuchungen: Menschen mit starken Selbstwirksamkeitserwartungen sind weniger anfällig für Angststörungen und Depressionen und sind insgesamt erfolgreicher im Berufsleben (vgl. Egger 2011, S. 43). Auch in herausfordernden Situationen wie dem Lernen unter Corona-Pandemiebedingungen führt Selbstwirksamkeit dazu, dass Schülerinnen und Schüler in der Lage sind, selbstständig zu handeln und eine höhere Leistungsmotivation aufweisen. Wie bereits die pädagogische Psychologie zeigte, führt der gezielte Aufbau von Selbstwirksamkeitserwartungen bei Schülerinnen und Schülern zu einer Leistungs- und Motivationssteigerung (Bandura 1977). Auch die Stressforschung belegt, dass Selbstwirksamkeitserwartungen eine relevante personale Ressource insbesondere bei der Bewältigung von tiefgreifenden Lebenskrisen und Umbrüchen darstellen (vgl. Egger 2011, S. 46).

7.10 Fazit

Zusammenfassend lässt sich feststellen, dass die Lernsituation zu Hause das Lernverhalten der Schülerinnen und Schüler beeinflusst hat. Empirisch lassen sich zwei Gruppen unterscheiden: Leistungsstarke Schülerinnen und Schüler, die eine starke innere Motivation, hohe Eigenständigkeit und die Fähigkeit zur Selbstregulation des Lernens aufweisen, und eine zweite Gruppe von Schülerinnen und Schülern, die starke Motivationsprobleme und hohe Anstrengungsvermeidungstendenzen zeigen. Diese Schülerinnen und Schüler benötigen mehr Aufmerksamkeit, auch von Seiten der Eltern und über die Zeit der Fernlernens hinaus. Dieser sogenannte Schereneffekt könnte mit hochdifferenzierten Lehr-Lern-Handlungsmaßnahmen verringert werden. In der Schule können sich Lehrkräfte im Präsenzunterricht stärker um die „abgehängten" Schülerinnen und Schüler kümmern. Notwendig ist auf jeden Fall die schulinterne Kooperation zwischen den Lehrkräften sowie die Zusammenarbeit mit Schulsozialarbeitern bzw. Jugendsozialarbeitern und Eltern, damit die Lernenden besser unterstützt werden können. Mit regelmäßigem Einzel-Coaching könnten Schülerinnen und Schüler in ihrer Lern-, Persönlichkeits- und sozialen Entwicklung unterstützt werden.

Die Ergebnisse zeigen, dass sich Mädchen länger am Tag mit Schulaufgaben beschäftigten als Jungen. Jedoch lässt sich zwischen den Geschlechtern bzgl. der Lernsituation zu Hause kein signifikanter Unterschied in der Neigung zur Anstrengungsvermeidung und in der Lernmotivation feststellen. Bezüglich der Lernemotionen weisen Mädchen höhere Werte auf als Jungen. Positive und negative Lernemotionen beeinflussten das Lernen zu Hause signifikant. Lernemotionen wie Spaß am Lernen korrelieren signifikant negativ mit Anstrengungsvermeidung.

Die Untersuchung der Rolle der technischen Ausstattung auf das Lernen zu Hause hat empirisch gezeigt, dass je schlechter sie für das Lernen zu Hause war, desto stärker waren Anstrengungsvermeidungsneigung und negative Lernemotionen. Erstaunlich ist jedoch, dass zwischen der technischen Ausstattung und der Lernmotivation keine signifikante Korrelation besteht. Bezüglich des Lernerfolgs wurde gezeigt, dass je schlechter die technische Ausstattung eines Schülers beim Lernen zu Hause war, desto schlechter wurden auch die Noten für den Lernerfolg eingeschätzt. Jedoch bestand zwischen den Geschlechtern keine signifikante Korrelation zwischen Lernerfolg und technischer Ausstattung.

Abschließend bleibt zu wünschen und zu hoffen, dass die positiven Entwicklungen während der Corona-Pandemie, die z.B. zu einer schnellen Einführung von digitalen Medien in den Schulen und damit auch zum Aufbau digitaler Kompetenzen bei Schülerinnen und Schülern geführt haben, in Zukunft stärker durch entsprechende Unterrichts- und Schulentwicklungsprozesse für das Lernen auch in der Schule und zu Hause und darüber hinaus genutzt werden können.

8 Literaturverzeichnis

Aebli, Hans (1997): Grundlagen des Lehrens. Eine allgemeine Didaktik auf psychologischer Grundlage. 4. Aufl. Stuttgart: Klett-Cotta (Klett-Cotta Pädagogik), zuletzt geprüft am 02.09.2021.

Anger, Christina; Plünnecke, Axel (2020): Homeschooling und Bildungsgerechtigkeit. IW-Kurzbericht 44/2020. In: *Institut der deutschen Wirtschaft Institut der deutschen Wirtschaft*. Online verfügbar unter https://www.pedocs.de/volltexte/2019/18166/pdf/Eickelmann_et_al_2019_ICILS_2018_Deutschland.pdf, zuletzt geprüft am 08.04.2021.

Arnold, Rolf; Schüßler, Ingeborg (1998): Wandel der Lernkulturen. Ideen und Bausteine für ein lebendiges Lernen. Darmstadt: Wiss. Buchges. [Abt. Verl.].

Bak, Peter Michael (2019): Lernen, Motivation und Emotion. Allgemeine Psychologie II – das Wichtigste prägnant und anwendungsorientiert. 1. Aufl. 2019. Berlin, Heidelberg: Springer Berlin Heidelberg (Angewandte Psychologie Kompakt). Online verfügbar unter http://nbn-resolving.org/urn:nbn:de:bsz:31-epflicht-1621860.

Bandura, Albert (1977): Self-efficacy: Toward a unifying theory of behavioral change. In: Psychological Review 84 (2), S. 191–215. DOI: 10.1037/0033-295X.84.2.191.

Bandura, Albert (1978): Self-efficacy: Toward a unifying theory of behavioral change. In: *Advances in Behaviour Research and Therapy* 1 (4), S. 139–161. DOI: 10.1016/0146-6402(78)90002-4.

Baumeister, Roy F.; Leary, Mark R. (1995): The need to belong: Desire for interpersonal attachments as a fundamental human motivation. In: *Psychological Bulletin* 117 (3), S. 497–529. DOI: 10.1037/0033-2909.117.3.497.

Baumert, Jürgen (1993): Lernstrategien, motivationale Orientierung und Selbstwirksamkeitsüberzeugungen im Kontext schulischen Lernens. In: *peDocs* 21 (4), S. 327–354. Online verfügbar unter https://www.pedocs.de/volltexte/2013/8194/pdf/UnterWiss_1993_4_Baumert_Lernstrategien_motivationale_Orientierung.pdf, zuletzt geprüft am 04.08.2021.

Bayerische Staatskanzlei (2021): Rahmendienstvereinbarung über die Einführung und Anwendung von digitalen Kommunikations- und Kollaborationswerkzeugen (gemäß Abschnitt 7, Anlage 2 zu § 46 BaySchO). In: *Bayerisches Ministerialblatt* (69). Online verfügbar unter https://www.verkuendung-bayern.de/files/baymbl/2021/69/baymbl-2021-69.pdf, zuletzt geprüft am 01.06.2021.

Bergmann, C.; Eder, F. (1995): Das Befinden von Schülerinnen und Schülern – eine Untersu-chung mit dem Befindenstagebuch. In: Ferdinand Eder (Hg.): Das Befinden von Kindern und Jugendlichen in der Schule. Forschungsbericht im Auftrag des BMUK. Innsbruck: Studien-Verl. (Bildungsforschung des Bundesministeriums für Unterricht und Kulturelle Angelegenheiten, 8), S. 169–207, zuletzt geprüft am 05.08.2021.

Besa, Kris-Stephen; Gensler, Anna; Gesang, Johanna; Röhrig, Ernst (2020): Erforschung der Zusammenhänge von elterlichem Belastungsempfinden und binnendifferenzierenden digitalen Lernmaterialien in Zeiten der Corona-Pandemie. In: Julia Frohn und Martin Heinrich (Hg.): Schulische Bildung in Zeiten der Pandemie. 1-13 / PraxisForschungLehrer*innenBildung. Zeitschrift für Schul- und Professionsentwicklung., Vol. 2 No. 6 (2020): Schulische Bildung in Zeiten der Pandemie. Befunde, Konzepte und Erfahrungen mit Blick auf Schul- und Unterrichtsorganisation, Bildungsgerechtigkeit und Lehrpraxis: PraxisForschungLehrer*innenBildung. Zeitschrift für Schul- und Professionsentwicklung, S. 45–58, zuletzt geprüft am 02.09.2021.

Blömeke, Sigrid; Bohl, Thorsten; Haag, Ludwig; Lang-Wojtasik, Gregor; Sacher, Werner (Hg.) (2009): Handbuch Schule. Theorie - Organisation - Entwicklung. Bad Heilbrunn: Klinkhardt (UTB Schulpädagogik, 8392). Online verfügbar unter http://www.newbooks-services.de/MediaFiles/Texts/6/9783825283926_Excerpt_001.pdf, zuletzt geprüft am 28.09.2021.

Boekaerts, Monique (1999): Coping in context. In: Erica Frydenberg (Hg.): Learning to cope. Developing as a person in complex societies. 1. publ. Oxford: Oxford University Press, S. 175–197.

Boekaerts, Monique (Hg.) (2008): Handbook of self-regulation. [Nachdr.]. San Diego, Calif.: Academic Press.

Bohl, Thorsten; Budde, Jürgen; Rieger-Ladich, Markus (Hg.) (2017): Umgang mit Heterogenität in Schule und Unterricht. Grundlagentheoretische Beiträge empirische Befunde und didaktische Reflexionen. Uni-Taschenbücher GmbH. Bad Heilbrunn: Klinkhardt; Verlag Julius Klinkhardt (utb-studi-e-book, 4755). Online verfügbar unter https://elibrary.utb.de/doi/book/10.36198/9783838547558.

Bosley, Irina; Kasten, Erich (2018): Emotionale Intelligenz. Ein Ratgeber mit Übungsaufgaben für Kinder Jugendliche und Erwachsene. Berlin, Germany, [Heidelberg]: Springer. Online verfügbar unter https://link.springer.com/content/pdf/10.1007%2F978-3-662-54815-8.pdf, zuletzt geprüft am 04.08.2021.

Bouffard, Thérèse; Boisvert, Martine; Vezeau, Carole (2003): The illusion of incompetence and its correlates among elementary school children and their parents: Pergamon (14). Online verfügbar unter https://www.pedocs.de/volltexte/2018/14983/pdf/ZEPP_1-16_Praetorius_et_al_A.pdf.

Brakemeier, Eva-Lotta; Wirkner, Janine; Knaevelsrud, Christine; Wurm, Susanne; Christiansen, Hanna; Lueken, Ulrike; Schneider, Silvia (2020): Die COVID-19-Pandemie als Herausforderung für die psychische Gesundheit. In: *Zeitschrift für Klinische Psychologie und Psychotherapie* 49 (1), S. 1–31. DOI: 10.1026/1616-3443/a000574.

Brandstätter, Veronika; Schüler, Julia; Puca, Rosa Maria; Lozo, Ljubica (2013): Leistungsmotivation. In: Veronika Brandstätter, Julia Schüler, Rosa Maria Puca und Ljubica Lozo (Hg.): Motivation und Emotion. Berlin, Heidelberg: Springer Berlin Heidelberg (Springer-Lehrbuch), S. 25–41.

Brandt, Svenja; Kuschnereit, Andreas (2020): Corona. Lernen und arbeiten in der Pandemie. In: *Hamburg macht Schule* 32 (2-3), S. 1–68. Online verfügbar unter https://www.hamburg.de/contentblob/14247618/d6cdeb7abfceafafbabf04bb96f3f862/data/hms-2-3-2020.pdf, zuletzt geprüft am 14.05.2021.

Bråten, Ivar (1993): Cognitive Strategies: a multi-componential conception of strategy use and strategy instruction. In: *Scandinavian Journal of Educational Research* 37 (3), S. 217–242. DOI: 10.1080/0031383930370304.

Breitenbach, Andrea (2021): Digitale Lehre in Zeiten von Covid-19: Risiken und Chancen. Frankfurt: DIPF Frankfurt am Main, NP-Ablieferer.

Bundesamt für Justiz (2020): Gesetz zur Verhütung und Bekämpfung von Infektionskrankheiten beim Menschen. Online verfügbar unter https://www.gesetze-im-internet.de/ifsg/, zuletzt aktualisiert am 06.04.2021, zuletzt geprüft am 06.04.2021.

Bundesregierung (2020): Vereinbarung zwischen der Bundesregierung und den Regierungschefinnen und Regierungschefs der Bundesländer angesichts der Corona-Epidemie in Deutschland. Online verfügbar unter https://www.bundesregierung.de/breg-de/suche/vereinbarung-zwischen-der-bundesregierung-und-den-regierungschefinnen-und-regierungschefs-der-bundeslaender-angesichts-der-corona-epidemie-in-deutschland-1730934, zuletzt aktualisiert am 06.04.2021, zuletzt geprüft am 06.04.2021.

Bundesverfassungsgericht; Senat, 1. (1972): BVerfG, Beschluss des Ersten Senats vom 11. Februar 2003 - 1 BvR 1972/00 - Rn. (1 - 70), http://www.bverfg.de/e/rs20030211_1bvr197200.html. Online verfügbar unter https://www.bundesverfassungsgericht.de/SharedDocs/Downloads/DE/2003/02/rs20030211_1bvr197200.pdf?__blob=publicationFile&v=1, zuletzt geprüft am 09.08.2021.

Bzdok, Danilo; Dunbar, Robin I. M. (2020): The Neurobiology of Social Distance. In: *Trends in Cognitive Sciences* 24 (9), S. 717–733. DOI: 10.1016/j.tics.2020.05.016.

Carroll, J. B. (1963): A model of school learning. In: *Teachers College Record* 64 (8), S. 723–733. Online verfügbar unter https://www.tcrecord.org/books/pdf.asp?contentid=2839.

Carroll, J. B. (1973): Ein Modell schulischen Lernen. In: Wolfgang Edelstein und Diether Hopf (Hg.): Bedingungen des Bildungsprozesses. Psychologische und pädagogische Forschungen zum Lehren und Lernen in der Schule. Stuttgart: Klett (Konzepte der Humanwissenschaften), S. 234–250.

Cho, Eunseong; Kim, Seonghoon (2015): Cronbach's Coefficient Alpha. In: *Organizational Research Methods* 18 (2), S. 207–230. DOI: 10.1177/1094428114555994.

Cohen, Jacob (1988): Statistical Power Analysis for the Behavioral Sciences. Unter Mitarbeit von Jacob Cohen. 2. Aufl. New York: Routledge. Online verfügbar unter https://doi.org/10.4324/9780203771587, zuletzt geprüft am 06.09.2021.

Coleman, James Samuel (1990): Equality and achievement in education. 1. [print.]. Boulder, Colo.: Westview Pr (Social inequality series).

Cooper, Harris; Robison, Jorgianne; Patall, Erika (2006): Does Homework Improve Academic Achievement? A Synthesis of Research, 1987-2003 on JSTOR. In: *Review of Educational Research* 76 (1), S. 1–62. Online verfügbar unter https://www.jstor.org/stable/3700582, zuletzt geprüft am 07.10.2021.

Covington, Martin V. (1992): Making the grade. A self-worth perspective on motivation and school reform. Cambridge: Cambridge University Press.

Cramer, Colin; Friedrich, Alena; Merk, Samuel (2019): Belastung und Beanspruchung im Lehrerinnen- und Lehrerberuf: Übersicht zu Theorien, Variablen und Ergebnissen in einem integrativen Rahmenmodell. Bildungsforschung, Nr. 1 (2018): Profession und Institution - Profession et institution. DOI: 10.25539/BILDUNGSFORSCHUN.V0I1.237.

Cronbach, Lee J. (1951): Coefficient alpha and the internal structure of tests. In: *Psychometrika* 16 (3), S. 297–334. DOI: 10.1007/BF02310555.

Csikszentmihaly, Mihaly (1990): Flow: The Psychology of Optimal Experience. Online verfügbar unter https://mktgsensei.com/AMAE/Consumer%20Behavior/flow_the_psychology_of_optimal_experience.pdf, zuletzt geprüft am 06.08.2021.

Damasio, Antonio R. (2018): Descartes' Irrtum. Fühlen Denken und das menschliche Gehirn. 9. Auflage. München: List (List-Taschenbuch, 60443).

Deci, Edward L.; Ryan; Richard M. (1993): Die Selbstbestimmungstheorie der Motivation und ihre Bedeutung für die Pädagogik. In: *Belttz Juventa* 39 (2), S. 223–238. Online verfügbar unter https://www.pedocs.de/volltexte/2017/11173/pdf/ZfPaed_1993_2_Deci_Ryan_Die_Selbstbestimmungstheorie_der_Motivation.pdf, zuletzt geprüft am 17.05.2021.

Deci, Edward L.; Ryan, Richard M. (1980): The Empirical Exploration of Intrinsic Motivational Processes. In: Advances in experimental social psychology, Bd. 13: Elsevier (Advances in Experimental Social Psychology), S. 39–80.

Deci, Edward L.; Ryan, Richard M. (1985): Intrinsic motivation and self-determination in human behavior. New York, N.Y.: Plenum Press (Perspectives in social psychology).

Dehnbostel, Peter (2008): Berufliche Weiterbildung. Grundlagen aus arbeitnehmerorientierter Sicht. 1. Auflage. Baden-Baden: Nomos Verlagsgesellschaft mbH & Co. KG. Online verfügbar unter http://nbn-resolving.org/urn:nbn:de:bsz:31-epflicht-1212430.

Der Bundestag (2020): Drittes Gesetz zum Schutz der Bevölkerung bei einer epidemischen Lage von nationaler. Bundesgesetzblatt Teil I Nr. 52. In: *Bundesanzeiger Verlag* 52 (1), S. 1–17. Online verfügbar unter https://www.bundesgesundheitsministerium.de/fileadmin/Dateien/3_Downloads/Gesetze_und_Verordnungen/GuV/B/3._BevSchG_BGBl.pdf, zuletzt geprüft am 05.04.2021.

Doepke, Matthias; Zilibotti, Fabrizio (2019): Love, Money, and Parenting How Economics Explains the Way We Raise Our Kids. How Economics Explains the Way We Raise Our Kids. New Jersey: Princeton University Press, zuletzt geprüft am 30.07.2021.

Dumont, Hanna; Trautwein, Ulrich; Lüdtke, Oliver; Neumann, Marko; Niggli, Alois; Schnyder, Inge (2012): Does parental homework involvement mediate the relationship between family background and educational outcomes? In: *Contemporary educational psychology* 37 (1), S. 55–69. Online verfügbar unter https://reader.elsevier.com/reader/sd/pii/S0361476X11000439?token=F8729A923AFAB25D2F22577E48A63C6D7C6FA3F85B63001C75C540037B6500F4A82B065D685525874E633EAAC7E89943&originRegion=eu-west-1&originCreation=20210925225025, zuletzt geprüft am 26.09.2021.

Egger, Josef W. (2011): Selbstwirksamkeitserwartung. Ein bedeutsames kognitives Konstrukt für gesundheitliches Verhalten. In: *Psychologische Medizin* 22 (2), S. 43–58. DOI: 10.1007/978-3-658-06803-5_12.

Egger, Josef W. (Hg.) (2015a): Integrative Verhaltenstherapie und psychotherapeutische Medizin. Ein biopsychosoziales Modell. Wiesbaden: Springer (Integrative Modelle in Psychotherapie, Supervision und Beratung).

Egger, Josef W. (2015b): Selbstwirksamkeit. In: Josef W. Egger (Hg.): Integrative Verhaltenstherapie und psychotherapeutische Medizin. Ein biopsychosoziales Modell. Wiesbaden: Springer (Integrative Modelle in Psychotherapie, Supervision und Beratung), S. 283–311.

Eickelmann, Birgit; Bos, Wilfried; Gerick, Julia; Goldhammer, Frank; Schaumburg, Heike; Schwippert, Knut et al. (Hg.) (2019): ICILS 2018 #Deutschland. Computer- und informationsbezogene Kompetenzen von Schülerinnen und Schülern im zweiten internationalen Vergleich und Kompetenzen im Bereich Computational Thinking. Münster, New York: Waxmann. Online verfügbar unter https://elibrary.utb.de/doi/book/10.31244/9783830990000.

Ekman, Paul (2010): Gefühle lesen. Wie Sie Emotionen erkennen und richtig interpretieren. 2. Auflage. Heidelberg: Spektrum Akademischer Verlag (Spektrum-Akademischer-Verlag-Taschenbuch). Online verfügbar unter https://download.e-bookshelf.de/download/0007/9272/05/L-G-0007927205-0015854190.pdf, zuletzt geprüft am 05.08.2021.

Erpenbeck, John; Heyse, Volker (1999): Die Kompetenzbiographie. Strategien der Kompetenzentwicklung durch selbstorganisiertes Lernen und multimediale Kommunikation. Münster, München, Berlin: Waxmann (Edition QUEM, 10).

Fend, Helmut (1997): Der Umgang mit Schule in der Adoleszenz: Aufbau und Verlust von Lernmotivation, Selbstachtung und Empathie. Bern: Hans Huber. Online verfügbar unter https://ixtheo.de/record/1127350188, zuletzt geprüft am 06.08.2021.

Fend, Helmut (2009): Neue Theorie der Schule. Einführung in das Verstehen von Bildungssystemen. 2., durchgesehene Auflage. Wiesbaden: VS Verlag für Sozialwissenschaften (SpringerLink Bücher). Online verfügbar unter http://swbplus.bsz-bw.de/bsz309702488cov.htm.

Fickermann, Detlef; Helm, Christoph (2020): Langsam vermisse ich die Schule. Zeitschrift für Erziehungswissenschaft. Online verfügbar unter https://www.pedocs.de/volltexte/2020/20228/pdf/DDS_Beiheft_16_2020_Huber_Helm_Lernen_in_Zeiten.pdf, zuletzt aktualisiert am 14.07.2021, zuletzt geprüft am 05.08.2021.

Fischer, Ralph; Ladenthin; Volker (2009): Gründe für bildenden Unterricht außerhalb der Schule. In: *Päd Forum* 37 (4). Online verfügbar unter https://www.sekundarschule-velen.de/sites/Leistungsbewertung-Distanzlernen.php, zuletzt geprüft am 07.04.2021.

Forneck, Hermann-Josef (2002): Selbstgesteuertes Lernen und Modernisierungsimperative in der Erwachsenen- und Weiterbildung. In: *peDocs* 48 (2), S. 242–261. Online verfügbar unter https://www.pedocs.de/volltexte/2011/3832/pdf/ZfPaed_2_2002_Forneck_Selbstgesteuertes_Lernen_D_A.pdf, zuletzt geprüft am 30.07.2021.

Frenzel, A. C.; Stephen, E. J. (2011): Emotion, Motivation und selbstreguliertes Lernen. In: Thomas Götz (Hg.): Emotion, Motivation und selbstreguliertes Lernen. Stuttgart, Paderborn: UTB; Schöningh (utb-studi-e-book, 3481), S. 16–77, zuletzt geprüft am 01.08.2021.

Friedrich, Helmut F.; Mandl, Heinz (1997): Analyse und Förderung selbstgesteuerten Lernens. In: Psychologie der Erwachsenenbildung. Enzyklopädie der Psychologie, S. 237–296. Online verfügbar unter https://www.researchgate.net/publication/305403461_Analyse_und_Forderung_selbstgesteuerten_Lernens.

Garnefski, Nadia; Teerds, Jan; Kraaij, Vivian; Legerstee, Jeroen; van den Kommer, Tessa (2004): Cognitive emotion regulation strategies and depressive symptoms: differences between males and females. In: *Personality and Individual Differences* 36 (2), S. 267–276. DOI: 10.1016/S0191-8869(03)00083-7.

Gessler, Michael; Michelsen, Uwe A. (2003): Blended Learning: Neue Medien in der Bildung. Umsetzung des Projekts „Internetbasiertes Projektmanagement-Tutoring". In: *QUEM-BULLETIN Bulletin berufliche Kompetenzentwicklung* (2), S. 15–20. Online verfügbar unter https://www.abwf.de/content/main/publik/bulletin/2003/B-02-03.pdf, zuletzt geprüft am 28.05.2021.

Graham, Charles R. (2006): Blended Learning Systems: Definition, Current Trends and Future Directions. In: Curtis Jay Bonk und Charles R. Graham (Hg.): The handbook of blended learning. Global perspectives local designs. 1. ed. San Francisco, Calif.: Pfeiffer (Essential resources for training and HR professionals), S. 3–21.

Hagenauer, Gerda; Hascher, Tina (2013): Lernfrust statt Lernfreude? Von Bedürfnissen und ihrer Vernachlässigung, von Emotionen und ihre Regulierung. In: *Schlüer Wissen und Lehrer* 13, S. 106–109. Online verfügbar unter https://www.researchgate.net/publication/278024339_Lernfrust_statt_Lernfreude_Von_Lehrkraften_die_nicht_auf_die_Bedurfnisse_von_SchulerInnen_eing ehen_und_von_fehlenden_kognitiven_Regulationsstrategien_bei_Schulunlust _von_SchulerInnen.

Hamre, Bridget K.; Pianta, Robert C.: Can Instructional and Emotional Support in the First-Grade Classroom Make a Difference for Children at Risk of School Failure? In: *Child Development* 76 (5), S. 949–967. Online verfügbar unter https://www.academia.edu/14832093/Can_Instructional_and_Emotional_Support_in_the_First_Grade_Classroom_Make_a_Difference_for_Children_at_Risk_of_School_Failure, zuletzt geprüft am 19.09.2021.

Hascher, Tina (2005): Emotionen im Schulalltag: Wirkungen und Regulationsformen. In: *peDocs* 51 (5). Online verfügbar unter https://www.pedocs.de/volltexte/2011/4771/pdf/ZfPaed_2005_5_Hascher_Emotionen_im_Schulalltag_D_A.pdf, zuletzt geprüft am 01.08.2021.

Hascher, Tina; Hagenauer, Gerda (2011): Wohlbefinden und Emotionen in der Schule als zentrale Elemente des Schulerfolgs unter der Perspektive geschlechtsspezifischer Ungleichheiten. In: Andreas Hadjar (Hg.): Geschlechtsspezifische Bildungsungleichheiten. 1. Aufl. Wiesbaden: VS Verl. für Sozialwiss, S. 285–308.

Hasselhorn, Marcus (1992): Metakognition und Lernen. In: *Deutsches Institut für Internationale Pädagogische Forschung (DIPF))*, S. 35–63. Online verfügbar unter https://www.pedocs.de/volltexte/2012/2001/pdf/Hasselhorn_Marcus_Metakognition_und_Lernen_D_A.pdf, zuletzt geprüft am 04.06.2021.

Hattie, John (2009): Visible Learning for Teachers. Online verfügbar unter https://aotawhiti.school.nz/wp-content/uploads/2014/06/HattieSession1.pdf, zuletzt geprüft am 07.10.2021.

Hattie, John (2012): Visible learning for teachers. Maximizing impact on learning. 1. publ. London: Routledge.

Hattie, John (2018): 252 Influences and Effect Size. Online verfügbar unter https://visible-learning.org/hattie-ranking-influences-effect-sizes-learning-achievement/, zuletzt aktualisiert am 26.08.2021, zuletzt geprüft am 26.08.2021.

Heckhausen, J.; Heckhausen, H. (2010): Motivation und Handeln: Einführung und Überblick. In: Jutta Heckhausen und Heinz Heckhausen (Hg.): Motivation und Handeln. 4., überarbeitete und erweiterte Auflage. Berlin, Heidelberg, New York: Springer (Springer-Lehrbuch), S. 1–9.

Helm, Christoph; Huber, Stephan; Loisinger, Tina (2021): Was wissen wir über schulische Lehr-Lern-Prozesse im Distanzunterricht während der Corona-Pandemie? – Evidenz aus Deutschland, Österreich und der Schweiz. In: *Zeitschrift fur Erziehungswissenschaft: ZfE*, S. 238–311. DOI: 10.1007/s11618-021-01000-z.

Helmke, Andreas (1993): Die Entwicklung der Lernfreude vom Kindergarten bis zur 5. Klassenstufe. In: *Zeitschrift für Pädagogische Psychologie / German Journal of Educational Psychology* 7 (2-3), S. 77–86. Online verfügbar unter https://psycnet.apa.org/record/1994-86221-001.

Helmke, Andreas (1998): Vom Optimisten zum Realisten? Zur Entwicklung des Fähigkeitskonzeptes vom Kindergarten bis zur 6. Klassenstufe. In: Entwicklung im Kindesalter: Psychologie Verlags Union, S. 115–132. Online verfügbar unter https://pure.mpg.de/pubman/faces/ViewItemFullPage.jsp?itemId=item_727948_3.

Helmke, Andreas (2021): Unterrichtsqualität und Lehrerprofessionalität. Diagnose Evaluation und Verbesserung des Unterrichts. Unter Mitarbeit von Franz E. Weinert. Aktualisierte 8. Auflage berücksichtigt die Hattie-Studien. Hannover: Klett / Kallmeyer (Schule weiterentwickeln, Unterricht verbessern Orientierungsband).

Hesse, Hermann-Günter (1994): Lehr-Lern-Zeit und Lernerfolg aus psychologischer Sicht. In: *peDocs*. Online verfügbar unter https://www.pedocs.de/volltexte/2011/1710/pdf/Hesse_Herrmann_Guenther_Lehr_Lern_Zeit_aus_psychologischer_Sicht_D_A.pdf, zuletzt geprüft am 19.09.2021.

Holtgrewe, Ursula; Lindorfer, Martina; Siller, Carmen; Vana, Irina (2020): „Lernen im Ausnahmezustand - Chancen und Risiken“ Erste Ergebnisse der Schüler_innenbefragung. ZSI - Zentrum für Soziale Innovation GmbH. Wien. Online verfügbar unter https://www.zsi.at/object/publication/5698/attach/Erste_Ergebnisse_Lernen_im_Ausnahmezustand_Schueler_innenbefragung [1_.pdf, zuletzt geprüft am 29.08.2021.

Huber, Matthias (2017): Bildung und Emotion. Wiesbaden: Vieweg. Online verfügbar unter https://link.springer.com/content/pdf/10.1007%2F978-3-658-18589-3.pdf, zuletzt geprüft am 07.08.2021.

Huber, Stephan; Helm, Christoph (2020a): Lernen in Zeiten der Corona-Pandemie. Die Rolle familiärer Merkmale für das Lernen von Schüler*innen. Befunde vom Schul-Barometer in Deutschland, Österreich und der Schweiz. In: Detlef Fickermann und Benjamin Edelstein (Hg.): "Langsam vermisse ich die Schule ...". Schule während und nach der Corona-Pandemie. Münster, New York: Waxmann (Die Deutsche Schule Beiheft, 16), S. 37–60. Online verfügbar unter https://www.pedocs.de/volltexte/2020/20228/pdf/DDS_Beiheft_16_2020_Huber_Helm_Lernen_in_Zeiten.pdf, zuletzt geprüft am 24.06.2020.

Huber, Stephan; Helm, Christoph; Günther, Paula Sophie; Schneider, Nadine; Schwander, Marius; Pruitt, Jane; Schneider, Julia (2020a): COVID-19: Fernunterricht aus Sicht der Mitarbeitenden von Schulen in Deutschland, Österreich und der Schweiz. In: Julia Frohn und Martin Heinrich (Hg.): Schulische Bildung in Zeiten der Pandemie. Befunde, Konzepte und Erfahrungen mit Blick auf Schul- und Unterrichtsorganisation, Bildungsgerechtigkeit und Lehrpraxis. Unter Mitarbeit von Heinrich, Martin, Klewin, Gabriele, Streblow, Lilian. Bielefeld: PraxisForschungLehrer*innenBildung. Zeitschrift für Schul- und Professionsentwicklung (2), S. 27–44, zuletzt geprüft am 25.08.2021.

Huber, Stephan Gerhard; Günther, Paula Sophie; Schneider, Nadine; Helm, Christoph; Schwander, Marius; Schneider, Julia; Pruitt, Jane (2020b): COVID-19 und aktuelle Herausforderungen in Schule und Bildung. Erste Befunde des Schul-Barometers in Deutschland, Österreich und der Schweiz. [Erscheinungsort nicht ermittelbar]: Waxmann Verlag. Online verfügbar unter https://www.waxmann.com/index.php?eID=download&buchnr=4216, zuletzt geprüft am 25.04.2021.

Huber, Stephan Gerhard; Helm, Christoph (2020b): COVID-19 and schooling: evaluation, assessment and accountability in times of crises-reacting quickly to explore key issues for policy, practice and research with the school barometer. In: *Educational assessment, evaluation and accountability*, S. 1–34. DOI: 10.1007/s11092-020-09322-y.

Hugger, Kai-Uwe; Walber, Markus (2010): Digitale Lernwelten. Konzepte Beispiele und Perspektiven. Wiesbaden: VS Verlag fur Sozialwissenschaften GmbH. Online verfügbar unter https://ebookcentral.proquest.com/lib/kxp/detail.action?docID=749347.

JIM_Studie III (2020): Medienpädagogischer Forschungsverbund Südwest. Jugend, Information, Medien. Basisuntersuchung zum Medienumgang 12- bis 19-Jähriger. In: *Medienpädagogischer Forschungsverbund Südwest*, S. 1–80. Online verfügbar unter https://www.mpfs.de/fileadmin/files/Studien/JIM/2020/JIM-Studie-2020_Web_final.pdf, zuletzt geprüft am 30.08.2021.

Keegan, Desmond (1986): The Foundations of distance education. London: Croom Helm.

Kerres, Michael; Witt, Claudia de; Stratmann, Jörg (2002): E-Learning. Didaktische Konzepte für erfolgreiches Lernen, S. 1–14. Online verfügbar unter https://learninglab.uni-due.de/sites/default/files/jahrb-pe-wb-b_0.pdf, zuletzt geprüft am 01.06.2021.

Kleinginna, Paul R.; Kleinginna, Anne M. (1981): A categorized list of emotion definitions, with suggestions for a consensual definition. In: *Motiv Emot* 5 (4), S. 345–379. DOI: 10.1007/BF00992553.

Klieme, Eckhard (2020): Guter Unterricht – auch und besonders unter Einschränkungen der Pandemie? In: Detlef Fickermann und Benjamin Edelstein (Hg.): "Langsam vermisse ich die Schule ...". Schule während und nach der Corona-Pandemie. Münster, New York: Waxmann (Die Deutsche Schule Beiheft, 16), S. 117–135, zuletzt geprüft am 18.09.2021.

Knowles, Malcon S. (1980): The Modern Practice of Adult Education. From Pedagogy to Andargogy 1, S. 1–390. Online verfügbar unter http://www.umsl.edu/~henschkej/articles/a_The_%20Modern_Practice_of_Adult_Education.pdf, zuletzt geprüft am 30.07.2021.

Kohler, Britta (2011): Hausaufgaben und Lerngelegenheiten. In: *Die Deutsche Schule* 103 (3), S. 203–218. Online verfügbar unter https://www.waxmann.com/index.php?eID=download&id_artikel=ART100186&uid=frei, zuletzt geprüft am 13.08.2021.

Kohler, Britta (2017): Hausaufgaben Überblick und Praxishilfen für Halbtags- und Ganztagsschulen. 1. Auflage. Weinheim, Basel: Beltz (Pädagogik). Online verfügbar unter https://www.beltz.de/fileadmin/beltz/leseproben/978-3-407-25747-5.pdf, zuletzt geprüft am 24.04.2021.

Krapp, Andreas (1992): Interesse, Lernen und Leistung. Neue Forschungsansätze in der Pädagogischen Psychologie. In: *Zeitschrift für Pädagogik* 38 (5), S. 747–770. Online verfügbar unter https://www.pedocs.de/volltexte/2018/13977/pdf/ZfPaed_1992_5_Krapp_Interesse_Lernen_und_Leistung.pdf, zuletzt geprüft am 03.06.2021.

Kuhn, Annette (2021): Schwänzen – was können Schulen machen, wenn die Präsenzpflicht ausgesetzt ist? In: *Das Deutsche Schulportal*, 2021. Online verfügbar unter https://deutsches-schulportal.de/unterricht/schulrecht-schwaenzen-was-koennen-schulen-machen-wenn-praesenzpflicht-ausgesetzt-ist/, zuletzt geprüft am 05.04.2021.

Kultusministerium (2020): CoronaVO Schule. Online verfügbar unter https://km-bw.de/CoronaVO+Schule, zuletzt aktualisiert am 10.08.2021, zuletzt geprüft am 10.08.2021.

Kultusministerium - Corona-Verordnung (2020): Begruendung zur 2. AenderungsVO zur 5. Corona VO. Online verfügbar unter https://www.baden-wuerttemberg.de/fileadmin/redaktion/dateien/PDF/Coronainfos/201215_Begruendung_zur_2.AenderungsVO_zur_5.CoronaVO.pdf, zuletzt geprüft am 10.08.2021.

Lange, Sarah; Tröster, Heinrich (2015): Adaptive und maladaptive Emotionsregulationsstrategien im Jugendalter. In: *Zeitschrift für Gesundheitspsychologie* 23 (3), S. 101–111. DOI: 10.1026/0943-8149/a000141.

Langner, Anke (2020): Schule ohne Schule - Perspektiven von Eltern und Lernbegleiter*innen. In: Julia Frohn und Martin Heinrich (Hg.): Schulische Bildung in Zeiten der Pandemie. Befunde, Konzepte und Erfahrungen mit Blick auf Schul- und Unterrichtsorganisation, Bildungsgerechtigkeit und Lehrpraxis. Unter Mitarbeit von Heinrich, Martin, Klewin, Gabriele, Streblow, Lilian. Bielefeld: PraxisForschungLehrer*innenBildung. Zeitschrift für Schul- und Professionsentwicklung (2), S. 100–122.

Lazarus, Richard S.; Kanner, Allen D.; Folkman, Susan (1980): Emotion. New York: Academic Press (Theories of Emotion).

Lehrl, Simone; Richter, David (2018): Schule macht Spaß! Anstrengungsbereitschaft und Lernfreude in der Grundschule, S. 59–65. DOI: 10.20378/irbo-51710.

Lepper, Mark R.; Greene, David; Nisbett, Richard E. (1973): Undermining children's intrinsic interest with extrinsic reward: A test of the "overjustification" hypothesis. In: *Journal of Personality and Social Psychology* 28 (1), S. 129–137. DOI: 10.1037/h0035519.

Letzel, Verena; Pozas, Marcela; Schneider, Christoph (2020): Energetic Students, Stressed Parents, and Nervous Teachers: A Comprehensive Exploration of Inclusive Homeschooling During the COVID-19 Crisis. In: *Open Education Studies* 2 (1), S. 159–170. DOI: 10.1515/edu-2020-0122.

Linnenbrink-Garcia, Lisa; Pekrun, Reinhard (Hg.) (2014): International handbook of emotions in education. New York: Routledge (Educational psychology handbook series). Online verfügbar unter https://www.routledgehandbooks.com/doi/10.4324/9780203148211.

Lipowsky, F.; Lotz, M. (2015): Ist Individualisierung der Königsweg zum erfolgreichen Lernen? Eine Auseinandersetzung mit Theorien, Konzepten und empirischen Befunden. In: Gerlinde Mehlhorn, Karola Schöppe und Frank Schulz (Hg.): Begabungen entwickeln & Kreativität fördern. München: kopaed (KREAplus), S. 155–219. Online verfügbar unter https://ilias.ph-freiburg.de/goto.php?target=file_728153_download&client, zuletzt geprüft am 25.07.2021.

Lockl, Kathrin; Attig, Manja; Nusser, Lena; Wolter, Ilka (2021): Lernen im Lockdown: Welche Voraussetzungen helfen Schülerinnen und Schülern? Die Bedeutsamkeit der Lesekompetenz, des Interesses an Lerninhalten und der Anstrengungsbereitschaft für die Bewältigung des Lernens zuhause. In: *NEPS*, S. 1–7. Online verfügbar unter https://www.lifbi.de/Portals/13/Corona/NEPS_Corona-und-Bildung_Bericht_5-Motivation.pdf, zuletzt geprüft am 17.08.2021.

Looser, Dölf (2011): Soziale Beziehungen und Leistungsmotivation. Die Bedeutung von Bezugspersonen für die längerfristige Aufrechterhaltung der Lern- und Leistungsmotivation. Zugl.: Osnabrück, Univ., Diss., 2009 u.d.T.: Looser, Dölf: Psychosoziale Bestimmungsfaktoren der Leistungsmotivation. Opladen: Budrich UniPress (Beiträge der Schweizer Bildungsforschung, 2). Online verfügbar unter https://www.pedocs.de/volltexte/2013/6747/pdf/Looser_Soziale_Beziehungen_pdfa.pdf, zuletzt geprüft am 05.06.2021.

Luplow, Nicole; Schneider, Thorsten (2018): Unterstützung durch die Familie. In: Handbuch Kindheits- und Jugendsoziologie. Wiesbaden: Springer VS, S. 179–190.

Martin, Pierre-Yves (2012): Lernstrategien und Umgang mit ICT von Studienanfängerinnen und - anfängern. University of Zurich, Zürich. Online verfügbar unter https://www.zora.uzh.ch/id/eprint/164140/.

Martschinke, Sabinel; Frank, Angela (2002): Wie unterscheiden sich Schüler und Schülerinnen in Selbstkonzept und Leistung am Schulanfang? Erste Ergebnisse aus dem Kooperationsprojekt Identitäts-und Leistungsentwicklung im Anfangsunterricht KILIA. In: Heinzel. Friederike und Annedore Prengel (Hg.): Heterogenität, Intergration und Differenzierung in der Primarstufe: Leske + Budrich (6), S. 191–197, zuletzt geprüft am 28.08.2021.

Mayes, Terry; Freitas, SARA de (2004): Review of e-learning theories, frameworks and models. In: *JISC e-Learning Models Desk Study Stage 2*. Online verfügbar unter https://curve.coventry.ac.uk/open/file/8ff033fc-e97d-4cb8-aed3-29be7915e6b0/1/Review%20of%20e-learning%20theories.pdf, zuletzt geprüft am 29.05.2021.

Meinhardt, Jörg; Pekrun, Reinhard (2003): Cognition and Emotion. Attentional resource allocation to emotional events: An ERP study 17 (3), S. 477–500. DOI: 10.1007/978-3-658-18589-3_12.

Mendoza, J. L.; Stafford, K. L.; Stauffer, J. M. (2000): Large-sample confidence intervals for validity and reliability coefficients. In: *Psychological Methods* 5 (3), S. 356–369. DOI: 10.1037/1082-989X.5.3.356.

Ministerium für Schule und Bildung (2020): Zweite Verordnung zur befristeten Änderung der Ausbildungs- und Prüfungsordnungen gemäß § 52 SchulG Vom X. Monat 2020. Online verfügbar unter https://www.schulministerium.nrw/system/files/media/document/file/Verordnungsentwurf-Distanzunterricht-Stand-30_-Juni-2020.pdf, zuletzt geprüft am 07.04.2021.

Moosbrugger, H.; Hartig, J. (2003): Klassische Testtheorie. In: Klaus D. Kubinger und Reinhold S. Jäger (Hg.): Schlüsselbegriffe der Psychologischen Diagnostik. Weinheim: Beltz, S. 408–415, zuletzt geprüft am 12.09.2021.

Moosbrugger, Helfried; Kelava, Augustin (2020): Testtheorie und Fragebogenkonstruktion. 3., vollständig neu bearbeitete, erweiterte und aktualisierte Auflage. Berlin, [Heidelberg]: Springer (Lehrbuch). Online verfügbar unter https://link.springer.com/content/pdf/10.1007/978-3-662-61532-4.pdf, zuletzt geprüft am 12.09.2021.

Nationale Akademie der Wissenschaften (Leopoldina) (2020): Coronavirus-Pandemie in Deutschland: Herausforderungen und Interventionsmöglichkeiten, S. 1–3. Online verfügbar unter https://www.leopoldina.org/uploads/tx_leopublication/2020-03-21_Leopoldina_Coronavirus-Pandemie_in_Deutschland_01.pdf, zuletzt geprüft am 06.04.2021.

Nicolaisen, Torsten (2016): Lerncoaching. In: Robert Wegener, Silvia Deplazes, Melanie Hasenbein, Hansjörg Künzli, Annamarie Ryter und Beat Uebelhart (Hg.): Coaching als individuelle Antwort auf gesellschaftliche Entwicklungen. Wiesbaden: Springer VS (SpringerLink Bücher), S. 111–120. Online verfügbar unter https://link.springer.com/content/pdf/10.1007%2F978-3-658-12854-8_10.pdf, zuletzt geprüft am 04.08.2021.

Otterpohl, Nantje; Wild, Elke (2017): Kooperation zwischen Elternhaus und Schule im Kontext der schulischen Leistungsentwicklung. In: Bärbel Kracke und Peter Noack (Hg.): Handbuch Entwicklungs- und Erziehungspsychologie. Living reference work, continuously updated edition. Berlin, Heidelberg: Springer (Springer eBook Collection), S. 1–15. Online verfügbar unter https://link.springer.com/content/pdf/10.1007%2F978-3-642-54061-5_13-1.pdf, zuletzt geprüft am 09.08.2021.

Otto, Barbara; Perels, Franziska; Schmitz, Bernhard (2011): Selbstreguliertes Lernen. In: Heinz Reinders (Hg.): Empirische Bildungsforschung. 1. Aufl. Wiesbaden: VS Verlag für Sozialwissenschaften, S. 33–44. Online verfügbar unter https://link.springer.com/content/pdf/10.1007/978-3-531-93021-3_3.pdf, zuletzt geprüft am 20.08.2021.

Parsons, Talcott (2012): Die Schulklasse als soziales System: Einige ihrer Funktionen in der amerikanischen Gesellschaft. In: Ullrich Bauer, Uwe H. Bittlingmayer und Albert Scherr (Hg.): Handbuch Bildungs- und Erziehungssoziologie. Wiesbaden: Springer VS (Bildung und Gesellschaft), S. 103–124, zuletzt geprüft am 28.09.2021.

Pekrun, Reinhard (2006): The Control-Value Theory of Achievement Emotions: Assumptions, Corollaries, and Implications for Educational Research and Practice. In: *Educational Psychology Review* 18 (4), S. 315–341. DOI: 10.1007/s10648-006-9029-9.

Pekrun, Reinhard (2017): Emotion, Lernen und Leistung. In: Matthias Huber und Sabine Krause (Hg.): Bildung und Emotion. Wiesbaden: Vieweg, S. 215–231.

Pekrun, Reinhard; Götz, Thomas (2006): Emotionsregulation: Vom Umgang mit Prüfungsangst. In: Heinz Mandl und Helmut F. Friedrich (Hg.): Handbuch Lernstrategien. Göttingen, Bern, Wien: Hogrefe (Hogrefe eLibrary), S. 248–258. Online verfügbar unter https://d-nb.info/1115472151/34, zuletzt geprüft am 06.08.2021.

Perraton, Hillary (2010): Teacher Education: the Role of Open and Distance Learning. In: *Commonwealth of Learning*, S. 1–18. Online verfügbar unter http://oasis.col.org/bitstream/handle/11599/290/Teacher_Education_Role_ODL.pdf?sequence=1&isAllowed=y, zuletzt geprüft am 29.05.2021.

Petko, Dominik; Uhlemann, Annett; Büeler, Urs (2009): Blended Learning in der Ausbildung von Lehrpersonen. In: *Deutsches Institut für Internationale Pädagogische Forschung (DIPF))* 27 (2), S. 188–194. Online verfügbar unter https://www.pedocs.de/volltexte/2017/13719/pdf/BZL_2009_2_188_194.pdf, zuletzt geprüft am 29.05.2021.

Pintrich, Paul R. (2000): The role of goal orientation in self-regulated learning. In: Monique Boekaerts (Hg.): Handbook of Self-Regulation. Unter Mitarbeit von Paul R. Pintrich und Moshe Zeidner. 1st ed. San Diego: Elsevier Science & Technology, S. 451–502. Online verfügbar unter https://psycnet.apa.org/record/2001-01625-013, zuletzt geprüft am 30.07.2021.

Pintrich, Paul R.; Groot, Elisabeth V. de (1990): Motivational and self-regulated learning components of classroom academic performance. In: *Journal of Educational Psychology* 82 (1), S. 33–40. DOI: 10.1037/0022-0663.82.1.33.

Pomerantz, Eva M.; Ng, Florrie Fei-Yin; Wang, Qian (2006): Mothers' mastery-oriented involvement in children's homework: Implications for the well-being of children with negative perceptions of competence. In: *Journal of Educational Psychology* 98 (1), S. 99–111. DOI: 10.1037/0022-0663.98.1.99.

Porsch, Raphaela; Porsch, Torsten (2020): Fernunterricht als Ausnahmesituation. In: Detlef Fickermann und Benjamin Edelstein (Hg.): "Langsam vermisse ich die Schule ...". Schule während und nach der Corona-Pandemie. Münster, New York: Waxmann (Die Deutsche Schule Beiheft, 16), S. 61–78. Online verfügbar unter https://www.pedocs.de/volltexte/2020/20229/pdf/DDS_Beiheft_16_2020_Porsch_Porsch_Fernunterricht_als_Ausnahmesituation.pdf, zuletzt geprüft am 06.04.2021.

Praetorius, Anna-Katharina; Kastens, Claudia; Hartig, Johannes; Lipowsky, Frank (2016): Haben Schüler mit optimistischen Selbsteinschätzungen die Nase vorn? Zusammenhänge zwischen optimistischen, realistischen und pessimistischen Selbstkonzepten und der Leistungsentwicklung von Grundschulkindern. Zusammenhänge zwischen optimistischen, realistischen und pessimistischen Selbstkonzepten und der Leistungsentwicklung von Grundschulkindern. In: *peDocs* 48 (1), S. 1–26. Online verfügbar unter https://www.pedocs.de/volltexte/2018/14983/pdf/ZEPP_1-16_Praetorius_et_al_A.pdf, zuletzt geprüft am 28.08.2021.

Rathgeb, Thomas (2020): Lernen und Freizeit in der Corona-Krise. Online verfügbar unter https://www.mpfs.de/fileadmin/files/Studien/JIM/JIMplus_2020/JIMplus_2020_Corona.pdf, zuletzt geprüft am 25.08.2021.

Reinmann, Gabi (2011): Blended Learning in der Lehrerausbildung. Didaktische Grundlagen am Beispiel der Lehrkompetenzförderung. Online verfügbar unter https://gabi-reinmann.de/wp-content/uploads/2011/06/Blended-Learning-in-der-Lehrerausbildung.pdf, zuletzt geprüft am 30.05.2021.

Retzler, Rudolf: Online-Unterricht - mit begrenztem Halbarkeitsdatum. Ein individueller Projektbericht. In: Lehren und Lernen Zeitschrift für Schule und Innovation aus Baden-Württemberg. Online verfügbar unter https://neckar-verlag.de/media/pdf/e4/d0/ac/11-2020-05G.pdf, zuletzt geprüft am 10.08.2021.

Rheinberg, F. (2006): Intrinsische Motivation und Flow-Erleben. In: Jutta Heckhausen (Hg.): Motivation und Handeln. Mit ... 43 Tabellen. 3., überarb. u. aktualisierte Aufl. Heidelberg: Springer (Springer-Lehrbuch), S. 331–354. Online verfügbar unter http://ecem2007.psych.unipotsdam.de/people/rheinberg/files/Intrinsische-Motivation.pdf, zuletzt geprüft am 27.07.2021.

Rheinberg, Falko (2002): Motivation. 4., überarb. und erw. Aufl. Stuttgart: Kohlhammer (Urban-Taschenbücher, 555).

Rheinberg, Falko (2004): Wie erfasse ich Motivation? : ein Diagnoseschema und die Klärung problematischer Fälle. Hg. v. J. Koblitz & N. Posse. Universität Postdam. Berlin. Online verfügbar unter https://www.researchgate.net/publication/316126195_Wie_erfasse_ich_Motivation_ein_Diagnoseschema_und_die_Klarung_problematischer_Falle#fullTextFileContent, zuletzt aktualisiert am 11.09.2021, zuletzt geprüft am 11.09.2021.

Robert Koch-Institut (RKI) (2008): Belehrung für die Beschäftigten in Schulen und sonstigen Gemeinschaftseinrichtungen gem. § 35 IfSG (Stand: 01.02.2008). Online verfügbar unter https://www.rki.de/DE/Content/Infekt/IfSG/Belehrungsbogen/belehrungsbogen_schulen.pdf?__blob=publicationFile, zuletzt geprüft am 05.04.2021.

Rollett, Brigitte A. (1994): Anstrengungsvermeidung in Schule und Beruf. In: Georg Gittler (Hg.): Die Seele ist ein weites Land. Aktuelle Forschung am Wiener Institut für Psychologie. Wien: WUV-Univ.-Verl., S. 81–92.

Rollett, Brigitte A. (1996): Rahmenbedingungen und Probleme entwicklungspsychologischer Theorienbildung. In: C. Speil, U. Kastner-Koller und P. Deimann (Hg.): Motivation und Lernen aus der Perspektive lebenslanger Entwicklung: Münster: Waxmann Verlag, S. 241–261, zuletzt geprüft am 07.08.2021.

Rollett, Brigitte A. (2004): Schlulbezogene Anstrengung als Reaktion auf Überförderung. Online verfügbar unter http://docplayer.org/7660892-Schulbezogene-anstrengungsvermeidung-als-reaktion-auf-ueberforderung.html, zuletzt aktualisiert am 07.08.2021, zuletzt geprüft am 07.08.2021.

Rollett, Brigitte A.; Bartram, Mathias (1998): AVT - Anstrengungsvermeidungstest. Online verfügbar unter https://www.testzentrale.de/shop/anstrengungsvermeidungstest.html, zuletzt aktualisiert am 07.08.2021, zuletzt geprüft am 07.08.2021.

Rønning, Marte (2011): Who benefits from homework assignments? In: *Economics of Education Review* 30 (1), S. 55–64. DOI: 10.1016/j.econedurev.2010.07.001.

Ryan, Richard M.; Deci, Edward L. (2000): Self-determination theory and the facilitation of intrinsic motivation, social development, and well-being. In: *American Psychologist* 55 (1), S. 68–78. DOI: 10.1037/0003-066X.55.1.68.

Sann, Uli; Preiser, Siegfried (2016): Emotion und Motivation in der Lehrer-Schüler-Interaktion. In: Martin K.W. Schweer (Hg.): Lehrer-Schüler-Interaktion. Inhaltsfelder Forschungsperspektiven und methodische Zugänge. 3rd ed. Wiesbaden: Springer Fachmedien Wiesbaden (Schule und Gesellschaft Ser, v.24), S. 213–232.

Sauter, Annette M.; Sauter, Werner; Bender, Harald (2004): Blended learning. Effiziente Integration von E-Learning und Präsenztraining. 2., erw. und überarb. Aufl. Unterschleißheim, München: Luchterhand. Online verfügbar unter http://www.socialnet.de/rezensionen/isbn.php?isbn=978-3-472-05592-1.

SchG Schulgesetz für Baden-Württemberg (SchG) in der Fassung vom 1. August 1983 (1983).

Schiefele, Hans (1978): Lernmotivation und Motivlernen. Grundzüge einer erziehungswissenschaftlichen Motivationslehre. 2., durchges. Aufl. München: Ehrenwirth.

Schiefele, Ulrich; Pekrun, Reinhard (1996): Psychologische Meódelle des fremdgesteuerten und selbstgesteuerten Lernens. In: Franz E. Weinert und Niels Birbaumer (Hg.): Psychologie des Lernens und der Instruktion. 1. Aufl. [Erscheinungsort nicht ermittelbar]: Hogrefe Verlag für Psychologie (D Praxisgebiete, 1 Pädagogische Psychologie), S. 249–278. Online verfügbar unter https://www.researchgate.net/publication/289963672_Psychologische_Modelle_des_fremdgesteuerten_und_selbstgesteuerten_Lernens, zuletzt geprüft am 30.07.2021.

Schiefele, Ulrich; Schaffner, Ellen (2015): Motivation. In: Elke Wild und Jens Møller (Hg.): Pädagogische Psychologie. 2., vollständig überarbeitete und aktualisierte Auflage, Online-Ausgabe. Berlin, Heidelberg: Springer-Verlag (Springer eBook Collection Humanities, Social Science), S. 152–175.

Schiefele, Ulrich; Schreyer, Inge (1994): Intrinische Lernmotivation und Lernen : ein Überblick zu Ergebnissen der Forschung. In: *Zeitschrift für Pädagogische Psychologie / German Journal of EducationalPsychology* 8 (1), S. 1–13. Online verfügbar unter https://publishup.uni-potsdam.de/opus4-ubp/frontdoor/deliver/index/docId/3180/file/schiefele1994_8.pdf, zuletzt geprüft am 07.08.2021.

Schmitz, Bernhard; Wiese, Bettina S. (1999): Eine Prozeßstudie selbstregulierten Lernverhaltens im Kontext aktueller affektiver und motivationaler Faktoren. In: *Zeitschrift für Entwicklungspsychologie und Pädagogische Psychologie* 31 (4), S. 157–170. DOI: 10.1026//0049-8637.31.4.157.

Schunk, Dale H. (1985): Self-efficacy and classroom learning. In: *Psychol. Schs.* 22 (2), S. 208–223. DOI: 10.1002/1520-6807(198504)22:2<208:AID-PITS2310220215>3.0.CO;2-7.

Schunk, Dale H.; Pintrich, Paul R.; Meece, Judith L. (2008): Motivation in education. Theory research and applications. 3. ed. Upper Saddle River, N.J.: Pearson - Merill Prentice Hall.

Schwarzer, Ralf; Jerusalem, Matthias (2002): Das Konzept der Selbstwirksamkeit. In: *peDocs* (454), S. 28–53. Online verfügbar unter https://www.pedocs.de/volltexte/2011/3930/pdf/ZfPaed_44_Beiheft_Schwarzer_Jerusalem_Konzept_der_Selbstwirksamkeit_D_A.pdf, zuletzt geprüft am 06.08.2021.

Seidel, Tina; Shavelson, Richard J. (2007): Teaching Effectiveness Research in the Past Decade: The Role of Theory and Research Design in Disentangling Meta-Analysis Results. In: *Review of Educational Research* 77 (4), S. 454–499. DOI: 10.3102/0034654307310317.

Seidel, Wolgfgan (2004): Emotionale Kompetenz. Gehirnforschung und Lebenskunst: Spektrum Akademischer Verl. Online verfügbar unter https://doc1.bibliothek.li/aam/flma146553.pdf.

Sembill, Detlef; Seifried, Jürgen (2006): Selbstorganisiertes Lernen als didaktische Lehr-Lenr-Konzeption zur Verknüpfung von selbstgesteuertem und kooperativem Lernen. In: Dieter Euler, Martin Lang und Günter Pätzold (Hg.): Selbstgesteuertes Lernen in der beruflichen Bildung. 1. Auflage. Stuttgart: Franz Steiner Verlag (Zeitschrift für Berufs- und Wirtschaftspädagogik – Beihefte, 20), S. 93–108. Online verfügbar unter https://kops.uni-konstanz.de/bitstream/handle/123456789/11957/Seifried_2006_Selbstorganisiertes_Lernen_als_didaktische_Lehr_Lern_Konzeption.pdf?sequence=1, zuletzt geprüft am 30.07.2021.

Simons, Robert-Jan (1992): Lernen, selbständig zu lernen. In: Heinz Mandl (Hg.): Lern- und Denkstrategien. Analyse und Intervention. Göttingen, Toronto, Zürich: Hogrefe Verl. für Psychologie, S. 251–264, zuletzt geprüft am 02.08.2021.

Sirisch, U.; Jirasko, M. (1996): Anstrengungsvermeidung. In: Christiane Spiel (Hg.): Motivation und Lernen aus der Perspektive lebenslanger Entwicklung. [Festschrift für Brigitte Rollett]. Unter Mitarbeit von Brigitte Rollett. Münster: Waxmann, S. 185–194, zuletzt geprüft am 17.08.2021.

Spiegler, Thomas (2008): Home Education in Deutschland. Hintergründe — Praxis — Entwicklung. Wiesbaden: VS Verlag für Sozialwissenschaften (SpringerLink Bücher). Online verfügbar unter http://swbplus.bsz-bw.de/bsz280591152cov.htm.

Steinl, Vincent; Vogelsaenger, Wolfgang (2020): Didaktik und pädagogische Beziehungen in Zeiten der Pandemie. Ein Praxixbericht. In: Julia Frohn und Martin Heinrich (Hg.): Schulische Bildung in Zeiten der Pandemie. 1-13 / PraxisForschungLehrer*innenBildung. Zeitschrift für Schul- und Professionsentwicklung., Vol. 2 No. 6 (2020): Schulische Bildung in Zeiten der Pandemie. Befunde, Konzepte und Erfahrungen mit Blick auf Schul- und Unterrichtsorganisation, Bildungsgerechtigkeit und Lehrpraxis: PraxisForschungLehrer*innenBildung. Zeitschrift für Schul- und Professionsentwicklung, S. 175–192, zuletzt geprüft am 02.09.2021.

Straka, Gerald (2009): Motivation und selbstgesteuertes Lernen 1, S. 1–6. Online verfügbar unter https://www.pedocs.de/volltexte/2013/5774/pdf/NeueDidaktik_1_2009_Straka_Motivation.pdf, zuletzt geprüft am 30.07.2021.

Streblow, Lilian; Schiefele, Ulrich (2006): Lernstrategien im Studium. In: Heinz Mandl und Helmut F. Friedrich (Hg.): Handbuch Lernstrategien. Göttingen, Bern, Wien: Hogrefe (Hogrefe eLibrary), S. 352–364, zuletzt geprüft am 4.082021.

Stübig, Frauke; Schäfer, Christina; Klafki, Wolfgang (Hg.) (2003): Selbstständiges Lernen in der Schule. Kassel: Kassel University Press (Beiträge zur gymnasialen Oberstufe, 5). Online verfügbar unter https://www.pedocs.de/volltexte/2011/3333/pdf/Stuebig_2003_Selbstaendiges_Lernen_D_A.pdf, zuletzt geprüft am 02.08.2021.

Tengler, Karin; Schrammel, Natalie; Brandhofer, Gerhard (2020): Lernen trotz Corona. Chancen und Herausforderungen des distance learning an österreichischen Schulen. Medienimpulse (2). Online verfügbar unter https://journals.univie.ac.at/index.php/mp/article/view/3637/3513, zuletzt aktualisiert am 21.08.2021, zuletzt geprüft am 21.08.2021.

Trautwein, Ulrich; Köller, Olaf; Baumert, Jürgen (2001a): Lieber oft als viel: Hausaufgaben und die Entwicklung von Leistung und Interesse im Mathematik-Unterricht der 7. Jahrgangsstufe. In: *peDocs* 47 (5), S. 703–724. Online verfügbar unter https://www.pedocs.de/volltexte/2012/4310/pdf/ZfPaed_2001_5_Trautwein_Koeller_Baumert_Lieber_oft_Hausaufgaben_D_A.pdf, zuletzt geprüft am 03.09.2021.

Trautwein, Ulrich; Köller, Olaf; Baumert, Jürgen (2001b): Lieber oft als viel: Hausaufgaben und die Entwicklung von Leistung und Interesse im Mathematik-Unterricht der 7. Jahrgangsstufe. In: *Zeitschrift für Pädagogik* 47 (5), S. 703–724. Online verfügbar unter https://www.pedocs.de/volltexte/2012/4310/pdf/ZfPaed_2001_5_Trautwein_Koeller_Baumert_Lieber_oft_Hausaufgaben_D_A.pdf, zuletzt geprüft am 02.09.2021.

Trautwein, Ulrich; Lüdtke, Oliver; Kastens, Claudia; Köller, Olaf (2006): Effort on homework in grades 5-9: development, motivational antecedents, and the association with effort on classwork. In: *Child Dev* 77 (4), S. 1094–1111. DOI: 10.1111/J.1467-8624.2006.00921.X.

Unger, Valentin; Krämern Yoka; Wacker, Albrecht (2020): Unterricht während der Corona-Pandemie. Ein Vergleich von Schülereinschätzungen aus Baden-Württemberg und Nordrhein-Westfalen in Kontext sozialer Heterogenität. In: Julia Frohn und Martin Heinrich (Hg.): Schulische Bildung in Zeiten der Pandemie. Befunde, Konzepte und Erfahrungen mit Blick auf Schul- und Unterrichtsorganisation, Bildungsgerechtigkeit und Lehrpraxis. Unter Mitarbeit von Heinrich, Martin, Klewin, Gabriele, Streblow, Lilian. Bielefeld: PraxisForschungLehrer*innenBildung. Zeitschrift für Schul- und Professionsentwicklung (2), S. 84–99.

Voss, Thamar; Wittwer, Jörg (2020): Unterricht in Zeiten von Corona: Ein Blick auf die Herausforderungen aus der Sicht von Unterrichts- und Instruktionsforschung. In: Unterrichtswiss 48 (4), S. 601–627. DOI: 10.1007/s42010-020-00088-2.

Wagner, Oliver; Rathammer, Peter; Knecht, Harald. (2017): Blended Learning in den Pädagogisch Praktischen Studien: Eine Studie zur Implementierung des Inverted Classroom Models. In: Christian Friedrich, Gabriele Mayer-Frühwirth, Renate Potzmann, Wolfgang Greller und Ruth Petz (Hg.): Forschungsperspektiven, Bd. 9. Münster und Wien: LIT (9), S. 159–181. Online verfügbar unter https://www.phwien.ac.at/files/FP9%2012%20Blended%20Learning.%20Wagner%20u.%20a.pdf, zuletzt geprüft am 31.05.2021.

Weinert, Franz E.; Helmke, Andreas (Hg.) (1997): Entwicklung im Grundschulalter. Weinheim: Beltz Psychologie-Verl.-Union.

Weinert, Franz Emanuel (1982): Selbstgesteuertes Lernen als Voraussetzung, Methode und Ziel des Unterrichts. In: *Unterrichtswissenschaft* 10 (2), S. 99–110. Online verfügbar unter https://pure.mpg.de/pubman/faces/ViewItemFullPage.jsp?itemId=item_726123

Weinstein, C. E.; Mayer, R. E. (1986): The teaching of learning strategies. In: Merlin C. Wittrock (Hg.): Handbook of research on teaching: Macmillan Publishing Ltd, S. 315–327, zuletzt geprüft am 03.08.2021.

Westermann, Stefanie (2021): 2021_Corona_Kinder_und_Jugendliche. Online verfügbar unter https://www.leopoldina.org/uploads/tx_leopublication/2021_Corona_Kinder_und_Jugendliche.pdf, zuletzt geprüft am 13.08.2021.

Wild; Klaus-Peter (2005): Individuelle Lernstrategien von Studierenden. Konsequenzen für die Hochschuldidaktik und die Hochschullehre. In: *peDocs* 23, S. 191–206. Online verfügbar unter https://www.pedocs.de/volltexte/2017/13572/pdf/BZL_2005_2_191_206.pdf, zuletzt geprüft am 04.08.2021.

Wild, Elke; Möller, Jens (Hg.) (2020): Pädagogische Psychologie. Springer-Verlag GmbH. 3., vollständig überarbeitete und aktualisierte Auflage. Berlin, [Heidelberg]: Springer (Lehrbuch).

Wild, K. P. (2006): Lernstrategien und Lernstile. In: Christoph Perleth (Hg.): Detlef H. Rost (Hrsg.): Handwörterbuch Pädagogische Psychologie. München: BeltzPVU 2006 (935 S.) [Rezension]: Klinkhardt, S. 427–432, zuletzt geprüft am 03.08.2021.

Wirth, Joachim (2004): Selbstregulation von Lernprozessen. Münster: Waxmann Verlag (39), zuletzt geprüft am 02.09.2021.

Wößmann, Ludger; Freundl, Vera; Grevenig, Elisabeth; Lergetporer, Philipp; Werner Katharina; Zierow, Larissa (2021): Bildung erneut im Lockdown: Wie verbrachten Schulkinder die Schulschließungen Anfang 2021? In: *Ifo Schnelldienst* 74 (5), S. 36–52. Online verfügbar unter https://www.ifo.de/publikationen/2021/aufsatz-zeitschrift/bildung-erneut-im-lockdown-wie-verbrachten-schulkinder-die, zuletzt geprüft am 30.08.2021.

Wößmann, Ludger; Freundl, Vera; Grewenig, Elisabeth; Lergetporer, Philipp; Werner Katharina; Zierow, Larissa (2020): Bildung in der Coronakrise: Wie haben die Schulkinder die Zeit der Schulschließungen verbracht, und welche Bildungsmaßnahmen befürworten die Deutschen? Ifo-Institut. München (9). Online verfügbar unter https://www.ifo.de/publikationen/2020/aufsatz-zeitschrift/bildung-der-coronakrise-wie-haben-die-schulkinder-die-zeit, zuletzt aktualisiert am 09.05.2021, zuletzt geprüft am 09.05.2021.

Wrase, Michael (2020): Schulrechtliche Herausforderungen in Zeiten der Corona-Pandemie. In: Detlef Fickermann und Benjamin Edelstein (Hg.): "Langsam vermisse ich die Schule ...". Schule während und nach der Corona-Pandemie. Münster, New York: Waxmann (Die Deutsche Schule Beiheft, 16), S. 105–116. Online verfügbar unter https://www.pedocs.de/volltexte/2020/20232/pdf/DDS_Beiheft_16_2020_Wrase_Schulrechtliche_Herausforderungen_in_Zeiten.pdf, zuletzt geprüft am 06.04.2021.

Young, Michael Dunlop; Perraton, H. D.; Jenkins, Janet; Dodds, Tony (2014): Distance teaching for the Third World. The lion and the clockwork mouse: incorporating a directory of distance teaching projects. London: Routledge, Taylor & Francis Group (Routledge library editions. Development, volume 63).

Zeidner, Moshe (1998): Test anxiety. The state of the art. New York: Plenum Press (Perspectives on individual differences). Online verfügbar unter https://ebookcentral.proquest.com/lib/kxp/detail.action?docID=3035534.

Ziegler, Albert; Schober, Barbara (2001): Theoretische Grundlagen und praktische Anwendung von Reattributionstrainings. Regensburg: Roderer (Theorie und Forschung, 661).

Zimmerman (2000): Self-Efficacy: An Essential Motive to Learn (25). Online verfügbar unter https://reader.elsevier.com/reader/sd/pii/S0361476X99910160?token=10E70B86C39F030D3D39AD53EDFCA73EFA064D984B46B564E4EC5644698065DEC7972B959FED83261FF17C7DF93C9EC4&originRegion=eu-west-1&originCreation=20210817091551.

Zimmerman, Barry J. (1989): A social cognitive view of self-regulated academic learning. In: *Journal of Educational Psychology* 81 (3), S. 329–339. DOI: 10.1037/0022-0663.81.3.329.

Zimmerman, Barry J. (1990): Self-Regulated Learning and Academic Achievement: An Overview. In: *Educational Psychologist* 25 (1), S. 3–17. DOI: 10.1207/s15326985ep2501_2.

9 Anhang

9.1 Statistische Auswertung

Tabelle 10: Kopfvalenzen: Geschlecht – Klasse/Jahrgangsstufe.

			In welcher Klasse bist du?						
	männlich	weiblich	5	6	7	8	9	10	11
Häufigkeit	43	105	10	44	12	12	20	35	15
Prozent	29.1	70.9	6.8	29.7	8.1	8.1	13.5	23.6	10.1

Tabelle 11: Prozentualen Zusammensetzung des Lernaufwands.

	Wie viele Stunden am Tag arbeitest du zu Hause für die Schule?					
	unter eine Stunde	eine Stunde	zwei Stunden	drei Stunden	vier Stunden	über fünf Stunden
Häufigkeit	4	23	26	27	16	52
Prozent	2.7	15.5	17.6	18.2	10.8	35.1

Tabelle 12: Mittelwert und Standardabweichung der Lernsituation-Skala beim Lernen zu Hause.

	Mittelwert	Standard-abweichung
Meine Klasse arbeitet beim Lernen zu Hause nach einem festgelegten Stundenplan.	3.3	.85
Meine Klasse hat festgelegte Zeiten für Videokonferenzen für den Unterricht.	3.6	.56
Meine Lehrerinnen und Lehrer haben mir erklärt, in welchen Dateiformaten (z.B. pdf, jpg) Aufgaben abgegeben werden müssen.	2.8	.97
Ich weiß, an welcher Stelle auf Moodle Aufgaben eingereicht werden sollen.	3.6	.65
Die von meinen Lehrerinnen und Lehrern zur Verfügung gestellten Informationen helfen mir beim Lernen.	3	.59
Wenn ich Schwierigkeiten mit der Technik habe, gibt es jemanden in der Schule, den ich fragen kann.	2.9	.98

Tabelle 13: Mittelwert und Standardabweichung der Lernbedingungen-Skala beim Lernen zu Hause.

	Mittelwert	Standard-abweichung
Ich fühle mich von meinen Eltern beim Lernen unterstützt	3.26	.88
Mein Tagesablauf beim Lernen zu Hause ist so, dass ich gut lernen kann.	2.85	.86
Ich kann zu Hause gut und konzentriert lernen.	2.87	.85
Ich habe zu Hause mehr Ruhe zum Lernen als in der Schule.	2.74	.99
Ich schaffe meine Aufgaben.	3.17	.75
Ich schaffe es, die Abgabefristen einzuhalten.	3.16	.72
Ich bin beim Lernen zu Hause erfolgreich.	3.02	.81
Meine Lehrerinnen und Lehrer nehmen sich Zeit für mich, wenn ich Probleme mit dem Unterrichtsstoff haben.	2.93	.78
Ich strenge mich zu Hause an, um die Aufgaben zu schaffen.	3.32	.77
Ich beteilige mich aktiv am Fernunterricht.	3.21	.81
Ich nehme immer am Fernunterricht teil.	2.87	.85

Tabelle 14: Mittelwert und Standardabweichung der technischen Ausstattung-Skala beim Lernen zu Hause.

	Mittelwert	Standard-abweichung
Beim Lernen zu Hause habe ich die Möglichkeit, mit einem Computer, Laptop oder Smartphone zu arbeiten.	3.95	.31
Beim Lernen zu Hause habe ich die Möglichkeit, Videos, Filme oder Clips anzusehen.	3.97	.20
Beim Lernen zu Hause habe ich die Möglichkeit, Hördateien abzuspielen.	2.89	.40
Beim Lernen zu Hause habe ich die Möglichkeit, am Computer, Laptop oder Tablet Texte zu schreiben.	3.9	.41
Ich habe zu Hause zum Lernen eine gute Internetverbindung.	3.23	.81
Ich habe zu Hause die Möglichkeit, meine Aufgaben einzuscannen.	3.60	.79
Ich habe zu Hause die Möglichkeit, meine Aufgaben auszudrucken.	3.68	.74
Ich habe für den Unterricht und das Lernen zu Hause ein Mikrofon bzw. Headset zur Verfügung.	3.74	.66
Ich habe für den Unterricht und das Lernen zu Hause eine Webcam (Kamera am Computer) zur Verfügung.	3.66	.80

Tabelle 15: Mittelwert und Standardabweichung der Anstrengungsvermeidungs-Skala beim Lernen zu Hause

	Mittelwert	Standard-abweichung
Andere wollen immer gerade dann, dass ich etwas für die Schule tue, wenn ich mich erhole / entspanne.	2.57	.88
Ich mag gar nicht an die vielen Dinge denken, die ich für die Schule noch tun muss.	2.86	1.06
Es passiert mir oft, dass ich es gar nicht höre, wenn jemand mir sagt, ich solle etwas für ihn erledigen.	1.89	.92
Wenn man nicht so viel dafür arbeiten müsste, wäre ich gerne in der Schule erfolgreicher.	2.73	1.09
Ich werde oft mit Arbeiten für die Schule nicht fertig, weil andere mich stören.	1.86	.90
Wenn ich lerne, muss ich immer daran denken, was ich jetzt Schöneres tun könnte.	2.57	1.04
Mit meiner Arbeit für die Schule werde ich oft nicht fertig, weil ich zu lange nachdenken muss.	2.18	1.03
Bei vielen Dingen, die ich für die Schule tun muss, bekomme ich ein unangenehmes Gefühl.	2.30	1.04
Wenn draußen die Sonne scheint, kann ich einfach nicht für die Schule lernen oder arbeiten.	2.18	1.03
Ich weiß gar nicht, warum ich abends oder am Wochenende lernen soll, wenn die anderen das auch nicht tun.	2.08	1.07
Ich sehe nicht ein, warum ich Dinge auswendig lernen soll, die man nachschauen kann.	2.05	.95
Ich kann meine Arbeiten für die Schule oft nicht ordentlich machen, weil ich immer gestört werde.	1.84	.94
Warum soll ich Dinge lernen, die ich nachher wahrscheinlich sowieso nicht brauchen kann?	2.91	1.03
Ich musste schon oft Dinge mühsam lernen, die nachher doch nutzlos waren.	2.91	1.01
Bei Arbeiten für die Schule, die ich nicht machen möchte, langweile ich mich sehr schnell.	2.84	1.04
Warum soll ich etwas für die Schule gleich erledigen, wenn dafür morgen auch noch Zeit ist?	2.43	1.11
Warum soll ich mich für die Schule bemühen, wenn keiner das würdigt?	2.09	1.05
Ich stelle mich dumm, um unangenehme Arbeiten zu vermeiden.	1.43	.72
Wenn ich eine Arbeit nicht machen möchte, versuche ich zu erreichen, dass jemand anderes sie erledigt.	1.68	1.21
Ich warte, bis sich unangenehme Arbeiten von selbst erledigen.	1.81	.92

Tabelle 16: Mittelwert und Standardabweichung der Lernmotivation beim Lernen zu Hause.

	Mittelwert	Standard-abweichung
Die Aufgabenbearbeitung zu Hause macht mir Spaß.	2.24	.92
Ich finde die Aufgaben für zu Hause interessant.	2.24	.86
Ich fürchte mich vor den Aufgaben.	1.84	.93
Ich finde die Aufgaben für zu Hause spannend.	2.28	.88
Ich bin sicher, dass ich die Aufgaben zu Hause schaffe.	2.82	.88
Mit den Aufgaben für zu Hause fühle ich mich überfordert.	2.43	.92
Ich habe Spaß daran, selbständig zu lernen.	2.59	.97
Lernen zu Hause ist mir viel zu anstrengend.	2.37	1.05
Meine Motivation für das Lernen hat während der Schulschließungen nachgelassen.	2.95	1.10
Mir gelingt das Lernen bei der zweiten Schulschließung besser als bei der ersten.	2.97	.99
Insgesamt bin ich mit dem Lernen zu Hause zufrieden.	2.69	.97

Tabelle 17: Mittelwert und Standardabweichung der Lernemotionen-Skala beim Lernen zu Hause.

	Mittelwert	Standard-abweichung
Ich habe Spaß.	2.33	.95
Ich bin glücklich, dass ich gut vorankomme.	2.64	.98
Ich schäme mich, weil ich es nicht kann.	1.98	.96
Ich bin stolz beim Lernen.	2.33	.94
Ich fühle mich hoffnungslos.	2.19	1.01
Ich mache mir Sorgen, ob ich das schaffe.	2.59	1.08
Ich fühle mich zuversichtlich, dass ich es schaffe.	2.76	.92
Ich ärgere mich darüber, dass ich lernen muss.	2.55	1.01
Ich bin stolz, wie gut ich vorankomme.	2.64	.949
Ich langweile mich.	2.43	1.06
Ich schäme mich, weil ich den Stoff nicht verstehe.	1.97	.98
Ich werde beim Lernen wütend.	2.16	1.00
Ich fühle mich beim Lernen hilflos.	2.05	1.00
Wenn ich sehe, was ich tun muss, bekomme ich Angst.	2.11	1.09
Beim Lernen bin ich angespannt und nervös.	2.27	1.11
Ich bin zuversichtlich, dass ich mit dem Stoff gut zurechtkomme.	2.66	.93

Tabelle 18: Mittelwert und Standardabweichung der Aufmerksamkeit beim Lernen zu Hause.

	Mittelwert	Standard-abweichung
Wenn ich Aufgaben zu Hause bearbeite, bemerke ich, dass ich immer wieder an andere Dinge denke.	3.00	.929
Es fällt mir zu Hause schwer, beim Lernen bei der Sache zu bleiben.	2.85	.985
Meine Konzentration hält zu Hause bei den Aufgaben nicht lange an.	2.86	1.03
Ich kann beim Fernunterricht aufmerksam zuhören.	2.76	.957
Beim Fernunterricht kann ich mich konzentrieren.	2.83	.979
Beim Fernunterricht bin ich allein im Zimmer.	3.68	.710
Beim Fernunterricht kann ich ungestört arbeiten.	3.25	.887
Ich chatte nebenbei mit meinen Freunden während des Fernunterrichts.	2.77	1.057
Ich beschäftige mich mit anderen Dingen während des Fernunterrichts.	2.49	.924

Tabelle 19: Mittelwerte und Standardabweichung bei der Rückmeldung von Lehrerinnen und Lehrern.

	Mittelwert	Standard-abweichung
Meine Hausaufgaben werden regelmäßig überprüft.	2.68	.82
Zu meinen Hausaufgaben bekomme ich Rückmeldung.	2.55	.87
Ich weiß, für welche der Aufgaben ich eine Note bekomme.	2.74	1.0
Ich weiß, was ich bei meinen Aufgaben tun muss, um eine gute Note zubekommen.	2.89	.92
Menge und Umfang der Hausaufgaben finde ich gut.	2.48	.97
Wenn ich mit meinen Aufgaben zu Hause nicht weiterkomme, kann ich meine Lehrerinnen und Lehrer um Hilfe bitten.	2.90	.98
Wenn ich mit meinen Aufgaben zu Hause nicht weiterkomme, kann ich meine Mitschülerinnen und Mitschüler um Hilfe bitten.	3.39	.77
Ich weiß, wann und wie ich meine Lehrerinnen und Lehrer erreichen kann.	3.29	.82

Tabelle 20: Reliabilitätsstatistik der Anstrengungsvermeidung.

	Crombbachs	Trennschärfe
Andere wollen immer gerade dann, dass ich etwas für die Schule tue, wenn ich mich erhole / entspanne.	.89	.42
Ich mag gar nicht an die vielen Dinge denken, die ich für die Schule noch tun muss.	,89	.58
Es passiert mir oft, dass ich es gar nicht höre, wenn jemand mir sagt, ich solle etwas für ihn erledigen.	.89	.52
Wenn man nicht so viel dafür arbeiten müsste, wäre ich gerne in der Schule erfolgreicher.	.89	.48
Ich werde oft mit Arbeiten für die Schule nicht fertig, weil andere mich stören.	.89	.39
Wenn ich lerne, muss ich immer daran denken, was ich jetzt Schöneres tun könnte.	.89	.58
Mit meiner Arbeit für die Schule werde ich oft nicht fertig, weil ich zu lange nachdenken muss.	.89	.68
Bei vielen Dingen, die ich für die Schule tun muss, bekomme ich ein unangenehmes Gefühl.	.89	.54
Wenn draußen die Sonne scheint, kann ich einfach nicht für die Schule lernen oder arbeiten.	.89	.54
Ich weiß gar nicht, warum ich abends oder am Wochenende lernen soll, wenn die anderen das auch nicht tun.	,89	,56
Ich sehe nicht ein, warum ich Dinge auswendig lernen soll, die man nachschauen kann.	.89	.50
Ich kann meine Arbeiten für die Schule oft nicht ordentlich machen, weil ich immer gestört werde.	.89	.42
Warum soll ich Dinge lernen, die ich nachher wahrscheinlich sowieso nicht brauchen kann?	.89	.44
Ich musste schon oft Dinge mühsam lernen, die nachher doch nutzlos waren.	.89	.63
Bei Arbeiten für die Schule, die ich nicht machen möchte, langweile ich mich sehr schnell.	.89	.61
Warum soll ich etwas für die Schule gleich erledigen, wenn dafür morgen auch noch Zeit ist?	.89	.62
Warum soll ich mich für die Schule bemühen, wenn keiner das würdigt?	.89	.51
Ich stelle mich dumm, um unangenehme Arbeiten zu vermeiden.	.89	.48
Wenn ich eine Arbeit nicht machen möchte, versuche ich zu erreichen, dass jemand anderes sie erledigt.	.89	.50
Ich warte, bis sich unangenehme Arbeiten von selbst erledigen.	.89	.42

Tabelle 21: Reliabilitätsstatistik der Lernemotionen - Korrigierte Items-Skala.

	Cronbachs Alpha	Trennschärfe r_{it}	Trennschärfe rit nach der Korrektur
Ich habe Spaß.	.61	-.14	
Ich bin glücklich, dass ich gut vorankomme.	.61	-.17	
Ich schäme mich, weil ich es nicht kann.	.52	.38	.46
Ich bin stolz beim Lernen.	.57	.09	-.07
Ich fühle mich hoffnungslos.	.51	.42	.56
Ich mache mir Sorgen, ob ich das schaffe.	.51	.40	.52
Ich fühle mich zuversichtlich, dass ich es schaffe.	.62	-.23	
Ich ärgere mich darüber, dass ich lernen muss.	.54	.28	.36
Ich bin stolz, wie gut ich vorankomme.	.58	.01	-.19
Ich langweile mich.	.57	.12	.24
Ich schäme mich, weil ich den Stoff nicht verstehe.	.50	.47	.59
Ich werde beim Lernen wütend.	.49	.50	.57
Ich fühle mich beim Lernen hilflos.	.49	.51	.67
Wenn ich sehe, was ich tun muss, bekomme ich Angst.	.48	.54	.65
Beim Lernen bin ich angespannt und nervös.	.51	.39	.50
Ich bin zuversichtlich, dass ich mit dem Stoff gut zurechtkomme.	.62	-.21	
Skalen-Statistiken vor der Korrektur (12 Items)	.57		
Skalen-Statistiken nach der Korrektur (12 Items)	.76		

Tabelle 22: Deskriptive Statistik für die Anstrengungsvermeidung_, Lernemotionen_ und Lernmotivations-Skala.

		AVT_Skala	LernEMO _Skala	LernMOT _Skala
Mittelwert		2.26	2.35	2.49
95% Konfidenzintervall des Mittelwerts	Untergrenze	2.16	2.29	2.43
	Obergrenze	2.35	2.41	2.54
Median		2.25	2.31	2.45
Varianz		.34	.13	.10
Std.-Abweichung		.58	.36	.31
Schiefe		-.01	.52	.56
Kurtosis		-.72	-.31	1.89

Tabelle 23: Reliabilitätsstatistik der Lernmotivation - Korrigierte Items-Skala.

	Cronbachs Alpha	Trennschärfe rit	Trennschärfe rit nach der Korrektur
Die Aufgabenbearbeitung zu Hause macht mir Spaß.	.01	.35	.71
Ich finde die Aufgaben für zu Hause interessant.	.05	.31	.74
Ich fürchte mich vor den Aufgaben.	.23	-.05	
Ich finde die Aufgaben für zu Hause spannend.	.03	.34	.75
Ich bin sicher, dass ich die Aufgaben zu Hause schaffe.	.17	.07	.79
Mit den Aufgaben für zu Hause fühle ich mich überfordert.	.23	-.05	
Ich habe Spaß daran, selbständig zu lernen.	.13	.14	.73
Lernen zu Hause ist mir viel zu anstrengend.	.32	-.20	
Meine Motivation für das Lernen hat während der Schulschließungen nachgelassen.	.38	-.31	
Mir gelingt das Lernen bei der zweiten Schulschließung besser als bei der ersten.	.17	.03	.80
Insgesamt bin ich mit dem Lernen zu Hause zufrieden.	.54	.35	.71
Skalen-Statistiken vor der Korrektur (16 Items)	.19		
Skalen-Statistiken nach der Korrektur - (7 Items)	.78		

9.2 Dokumentation der Schülerbefragung

9.2.1 Statistische Auswertung des Fragebogens

Meine Lernsituation zu Hause

	stimmt	stimmt eher	stimmt eher nicht	stimmt nicht
1.) Meine Klasse arbeitet beim Lernen zu Hause nach einem festgelegten Stundenplan.	50.7	33.1	11.5	4.7
2.) Meine Klasse hat festgelegte Zeiten für Videokonferenzen für den Unterricht.	71.6	26.4	0.7	1.4
3.) Ich weiß, an welcher Stelle auf Moodle Aufgaben eingereicht werden sollen.	72.3	20.9	5.4	1.4
4.) Meine Lehrerinnen und Lehrern haben mir erklärt, in welchen Dateiformaten (z.B. pdf, jpg) Aufgaben abgegeben werden müssen.	31.1	37.2	20.9	10.8
5.) Wenn ich Schwierigkeiten mit der Technik habe, gibt es jemanden in der Schule, den ich fragen kann.	35.8	35.8	17.6	10.8
6.) Die von meinen Lehrerinnen und Lehrern zur Verfügung gestellten Informationen helfen mir beim Lernen.	22.3	65.5	11.5	0.7

Anstrengungsvermeidung

	stimmt	stimmt eher	stimmt eher nicht	stimmt nicht
1.) Andere wollen immer gerade dann, dass ich etwas für die Schule tue, wenn ich mich erhole / entspanne.	14.9	38.5	35.1	11.5
2.) Ich mag gar nicht an die vielen Dinge denken, die ich für die Schule noch tun muss.	35.8	29.7	19.6	14.9
3.) Es passiert mir oft, dass ich es gar nicht höre, wenn jemand mir sagt, ich solle etwas für ihn erledigen.	7.4	14.9	36.5	41.2
4.) Wenn man nicht so viel dafür arbeiten müsste, wäre ich gerne in der Schule erfolgreicher.	29.7	33.8	16.2	20.3
5.) Ich werde oft mit Arbeiten für die Schule nicht fertig, weil andere mich stören.	7.4	12.8	38.5	41.2
6.) Wenn ich lerne, muss ich immer daran denken, was ich jetzt Schöneres tun könnte.	25	24.3	33.8	16.9
7.) Mit meiner Arbeit für die Schule werde ich oft nicht fertig, weil ich zu lange nachdenken muss.	14.2	20.9	33.8	31.1
8.) Bei vielen Dingen, die ich für die Schule tun muss, bekomme ich ein unangenehmes Gefühl.	17.6	21.6	34.5	26.4
9.) Wenn draußen die Sonne scheint, kann ich einfach nicht für die Schule lernen oder arbeiten.	13.5	23.6	30.4	32.4
10.) Ich weiß gar nicht, warum ich abends oder am Wochenende lernen soll, wenn die anderen das auch nicht tun.	13.5	21.6	24.3	40.5
11.) Ich sehe nicht ein, warum ich Dinge auswendig lernen soll, die man nachschauen kann.	9.5	19.6	37.2	33.8
12.) Ich kann meine Arbeiten für die Schule oft nicht ordentlich machen, weil ich immer gestört werde.	8.1	12.8	33.8	45.3
13.) Warum soll ich Dinge lernen, die ich nachher wahrscheinlich sowieso nicht brauchen kann?	37.8	27.0	23.6	11.5
14.) Ich musste schon oft Dinge mühsam lernen, die nachher doch nutzlos waren.	35.8	30.4	22.3	11.5
15.) Bei Arbeiten für die Schule, die ich nicht machen möchte, langweile ich mich sehr schnell.	32.4	33.8	18.9	14.9
16.) Warum soll ich etwas für die Schule gleich erledigen, wenn dafür morgen auch noch Zeit ist?	20.3	31.1	19.6	29.1
17.) Warum soll ich mich für die Schule bemühen, wenn keiner das würdigt?	11.5	25.7	23	39.9
18.) Ich stelle mich dumm, um unangenehme Arbeiten zu vermeiden.	2.0	7,4	22.3	68.2
19.) Wenn ich eine Arbeit nicht machen möchte, versuche ich zu erreichen, dass jemand anderes sie erledigt.	6.8	11.5	24.3	57.4
20.) Ich warte, bis sich unangenehme Arbeiten von selbst erledigen.	6.8	14.9	31.1	47.3

Meine Motivation beim Lernen zu Hause

	stimmt	stimmt eher	stimmt eher nicht	stimmt nicht
1.) Die Aufgabenbearbeitung zu Hause macht mir Spaß.	6.1	38.5	28.4	27
2.) Ich finde die Aufgaben für zu Hause interessant.	6.8	31.1	41.2	20.9
3.) Ich fürchte mich vor den Aufgaben.	7.4	14.9	32.4	45.3
4.) Ich finde die Aufgaben für zu Hause spannend.	9.5	28.4	42.6	19.6
5.) Ich bin sicher, dass ich die Aufgaben zu Hause schaffe.	23	45.6	23	8.38
6.) Mit den Aufgaben für zu Hause fühle ich mich überfordert.	12.2	36.5	33.1	18.2
8.) Ich habe Spaß daran, selbständig zu lernen.	18.9	37.2	27.7	16.2
9.) Lernen zu Hause ist mir viel zu anstrengend.	17.5	28.4	27.7	26.4
10.) Meine Motivation für das Lernen hat während der Schulschließungen nachgelassen.	43.3	23.0	18.9	14.9
11.) Mir gelingt das Lernen bei der zweiten Schulschließung besser als bei der ersten.	28.5	29.1	23	9.5
12.) Insgesamt bin ich mit dem Lernen zu Hause zufrieden	23	36.5	27	13.5

Mein Lernen zu Hause

	stimmt	stimmt eher	stimmt eher nicht	stimmt nicht
1.) Ich kann zu Hause gut und konzentriert lernen.	25.7	41.2	27.7	5.4
2.) Ich fühle mich von meinen Eltern beim Lernen unterstützt.	50.0	30.4	14.9	4.7
3.) Ich habe zu Hause mehr Ruhe zum Lernen als in der Schule.	25.7	37.2	23	14.2
4.) Mein Tagesablauf beim Lernen zu Hause ist so, dass ich gut lernen kann.	22.3	49.3	19.6	8.8
5.) Ich schaffe meine Aufgaben.	34.5	51.4	10.8	3.4
6.) Ich schaffe es, die Abgabefristen einzuhalten.	33.1	51.4	13.5	2.0
7.) Ich bin beim Lernen zu Hause erfolgreich.	29.1	48.6	17.6	4.7
8.) Meine Lehrerinnen und Lehrer nehmen sich Zeit für mich, wenn ich Probleme mit dem Unterrichtsstoff habe.	24.3	48	24.3	3.4
9.) Ich strenge mich zu Hause an, um die Aufgaben zu schaffen.	48.6	37.8	10.8	2.7
10.) Ich beteilige mich aktiv am Fernunterricht.	41.9	41.2	12.8	4.1
11.) Ich nehme immer am Fernunterricht teil.	79.7	19.69	0.7	0.0

Meine Technische Ausstattung

	stimmt	stimmt eher	stimmt eher nicht	stimmt nicht
1.) Beim Lernen zu Hause habe ich die Möglichkeit, mit einem Computer, Laptop oder Smartphone zu arbeiten.	97.3	1.4	0.7	0.7
2.) Beim Lernen zu Hause habe ich die Möglichkeit, Videos, Filme oder Clips anzusehen.	98.0	1.4	0.7	0.0
3.) Beim Lernen zu Hause habe ich die Möglichkeit, Hördateien abzuspielen.	89.2	9.5	0.7	0.7
4.) Beim Lernen zu Hause habe ich die Möglichkeit, am Computer, Laptop oder Tablet Texte zu schreiben.	92.6	6.1	1.4	0.0
5.) Ich habe zu Hause zum Lernen eine gute Internetverbindung.	43.9	38.5	14.2	3.4
6.) Ich habe zu Hause die Möglichkeit, meine Aufgaben einzuscannen.	75.7	12.8	7.4	4.1
7.) Ich habe zu Hause die Möglichkeit, meine Aufgaben auszudrucken.	81.1	10.1	4.7	4.1
8.) Ich habe für den Unterricht und das Lernen zu Hause ein Mikrofon bzw. Headset zur Verfügung.	82.4	12.2	2.0	3.4
9.) Ich habe für den Unterricht und das Lernen zu Hause eine Webcam (Kamera am Computer) zur Verfügung.	81.8	6.8	6.8	4.7

Rückmeldung von Lehreinnen und Lehrern

	stimmt	stimmt eher	stimmt eher nicht	stimmt nicht
1.) Meine Hausaufgaben werden regelmäßig überprüft.	16.9	39.9	37.2	6.1
2.) Zu meinen Hausaufgaben bekomme ich Rückmeldung.	16.9	39.7	44.6	8.8
3.) Ich weiß, für welche der Aufgaben ich eine Note bekomme.	27.7	32.4	25.7	14.2
4.) Ich weiß, was ich bei meinen Aufgaben tun muss, um eine gute Note zubekommen.	29.1	38.5	24.3	8.1
5.) Menge und Umfang der Hausaufgaben finde ich gut.	16.2	34.5	30.4	18.9
6.) Wenn ich mit meinen Aufgaben zu Hause nicht weiterkomme, kann ich meine Lehrerinnen und Lehrer um Hilfe bitten.	32.4	35.8	20.9	10.8
7.) Wenn ich mit meinen Aufgaben zu Hause nicht weiterkomme, kann ich meine Mitschülerinnen und Mitschüler um Hilfe bitten.	53.4	34.5	9.5	2.7
8.) Ich weiß, wann und wie ich meine Lehrerinnen und Lehrer erreichen kann.	48.6	35.8	11.5	4.1

Lernemotionen

	stimmt	stimmt eher	stimmt eher nicht	stimmt nicht
1.) Ich habe Spaß.	12.8	28.4	37.8	20.9
2.) Ich bin glücklich, dass ich gut vorankomme.	21.0	36.5	27.0	15.5
3.) Ich schäme mich, weil ich es nicht kann.	6.8	25.0	27.7	40.5
4.) Ich bin stolz beim Lernen.	12.2	29.7	37.2	20.9
5.) Ich fühle mich hoffnungslos.	12.8	23.6	33.1	30.4
6.) Ich mache mir Sorgen, ob ich das schaffe.	25.7	28.4	25.0	20.9
7.) Ich fühle mich zuversichtlich, dass ich es schaffe.	21.6	42.9	23.0	11.5
8.) Ich ärgere mich darüber, dass ich lernen muss.	21.6	29.7	31.1	17.6
9.) Ich bin stolz, wie gut ich vorankomme.	18.2	41,9	25.0	14.9
10.) Ich langweile mich.	19,6	27.7	28.4	24.3
11.) Ich schäme mich, weil ich den Stoff nicht verstehe.	8.1	23.0	27.0	41.9
12.) Ich werde beim Lernen wütend.	11.5	24.3	32.4	31.8
13.) Ich fühle mich beim Lernen hilflos.	9.5	24.3	28.4	37.8
14.) Wenn ich sehe, was ich tun muss, bekomme ich Angst.	16.2	17.6	27.7	39.5
15.) Beim Lernen bin ich angespannt und nervös.	16.2	29.7	18.9	35.1
16.) Ich bin zuversichtlich, dass ich mit dem Stoff gut zurechtkomme.	18.2	43.	25.0	13.5

Aufmerksamkeit beim Lernen

	stimmt	stimmt eher	stimmt eher nicht	stimmt nicht
1.) Wenn ich Aufgaben zu Hause bearbeite, bemerke ich, dass ich immer wieder an andere Dinge denke.	36.5	36.5	19.6	7.4
2.) Es fällt mir zu Hause schwer, beim Lernen bei der Sache zu bleiben.	29.7	37.8	20.3	12.2
3.) Meine Konzentration hält zu Hause bei den Aufgaben nicht lange an.	33.1	33.1	20.3	13.5
4.) Ich kann beim Fernunterricht aufmerksam zuhören.	24.3	39.9	23.6	12.2
5) Beim Fernunterricht kann ich mich konzentrieren.	30.4	32.4	27	10.1
6.) Beim Fernunterricht bin ich allein im Zimmer.	79.1	13.5	4.1	3.4
7.) Beim Fernunterricht kann ich ungestört arbeiten.	50.0	29.7	15.5	4.7
8.) Ich chatte nebenbei mit meinen Freunden während des Fernunterrichts.	30.4	32.4	20.9	16.2
9.) Ich beschäftige mich mit anderen Dingen während des Fernunterrichts.	14.2	35.8	35.1	14.9

Selbsteinschätzung des Lernerfolgs

Wenn du dir dafür eine Note geben würdest:	sehr gut	gut	Befriedigend	Ausreichend	Mangelhaft	Ungenügend
1.) Wie gut gelingt dir zu Hause das Arbeiten für die Schule?	8.8	45.9	25.7	14.9	4.1	0.7
2.) Wie ist Dein Lernerfolg beim Lernen zu Hause?	10.1	39.9	35.8	8.1	5.4	0.7
3.) Wie ist Deine Mitarbeit während des Fernunterrichts?	11.5	43.2	27.0	14.2	4.1	0.0
4.) Wie ist Dein Lernerfolg beim Fernunterricht?	8.8	46.6	28.4	10.1	4.1	2.0

9.3 Fragebogen zum Lernen für Schülerinnen und Schüler

Auf den folgenden Seiten findest du eine Reihe von Aussagen, die deine Einstellung zu Motivation und Verhalten zum Lernen zu Hause unter den Bedingungen der Corona-Pandemie betreffen.

Zunächst einige Fragen zu dir:

1.) Wie alt bist du?

2.) Welches Geschlecht hast du?

O weiblich O männlich O divers

3.) In welcher Klasse bist du?

O 5 O 6 O 7 O 8 O 9 O 10 O 11 O 12

4.) Wie viele Stunden am Tag arbeitest du zu Hause für die Schule?

O unter 1 Stunde O 1 O2 O 3 O 4 O über 5 Stunden

Nun ein paar Aussagen, die die Lernsituation zu Hause beschreiben. Hinter jedem Satz gibt es sechs Ankreuzmöglichkeiten: Kreuze die an, die für dich in der Regel zutrifft, also nicht nur gerade heute stimmt.

Inwieweit treffen die folgenden Aussagen auf dich zu?

Meine Lernsituation zu Hause	stimmt nicht	stimmt eher nicht	stimmt eher	stimmt
1.) Meine Klasse arbeitet beim Lernen zu Hause nach einem festgelegten Stundenplan.	O	O	O	O
2.) Meine Klasse hat festgelegte Zeiten für Videokonferenzen für den Unterricht.	O	O	O	O
3.) Ich weiß, an welcher Stelle auf Moodle Aufgaben eingereicht werden sollen.	O	O	O	O
4.) Meine Lehrerinnen und Lehrer haben mir erklärt, in welchen Dateiformaten (z.B. pdf, jpg) Aufgaben abgegeben werden müssen.	O	O	O	O
5.) Wenn ich Schwierigkeiten mit der Technik habe, gibt es jemanden in der Schule, den ich fragen kann.	O	O	O	O
6.) Die von meinen Lehrerinnen und Lehrern zur Verfügung gestellten Informationen helfen mir beim Lernen.	O	O	O	O
	Dazu möchte ich mich nicht äußern O			

Inwieweit treffen die folgenden Aussagen zum Lernen zu Hause auf dich zu?

Mein Lernen zu Hause	stimmt nicht	stimmt eher nicht	stimmt eher	stimmt
1.) Ich kann zu Hause gut und konzentriert lernen.	O	O	O	O
2.) Ich fühle mich von meinen Eltern beim Lernen unterstützt.	O	O	O	O
3.) Ich habe zu Hause mehr Ruhe zum Lernen als in der Schule.	O	O	O	O
4.) Mein Tagesablauf beim Lernen zu Hause ist so, dass ich gut lernen kann.	O	O	O	O
5.) Ich schaffe meine Aufgaben.	O	O	O	O
6.) Ich schaffe es, die Abgabefristen einzuhalten.	O	O	O	O
7.) Ich bin beim Lernen zu Hause erfolgreich.	O	O	O	O
8.) Meine Lehrerinnen und Lehrer nehmen sich Zeit für mich, wenn ich Probleme mit dem Unterrichtsstoff habe.	O	O	O	O
9.) Ich strenge mich zu Hause an, um die Aufgaben zu schaffen.	O	O	O	O
10.) Ich beteilige mich aktiv am Fernunterricht.	O	O	O	O
11.) Ich nehme immer am Fernunterricht teil.	O	O	O	O
	Dazu möchte ich mich nicht äußern O			

Meine technische Ausstattung zu Hause	stimmt nicht	stimmt eher nicht	stimmt eher	stimmt
1.) Beim Lernen zu Hause habe ich die Möglichkeit, mit einem Computer, Laptop oder Smartphone zu arbeiten.	O	O	O	O
2.) Beim Lernen zu Hause habe ich die Möglichkeit, Videos, Filme oder Clips anzusehen.	O	O	O	O
3.) Beim Lernen zu Hause habe ich die Möglichkeit, Hördateien abzuspielen.	O	O	O	O
4.) Beim Lernen zu Hause habe ich die Möglichkeit, am Computer, Laptop oder Tablet Texte zu schreiben.	O	O	O	O
5.) Ich habe zu Hause zum Lernen eine gute Internetverbindung.	O	O	O	O
6.) Ich habe zu Hause die Möglichkeit, meine Aufgaben einzuscannen.	O	O	O	O
7.) Ich habe zu Hause die Möglichkeit, meine Aufgaben auszudrucken.	O	O	O	O
8.) Ich habe für den Unterricht und das Lernen zu Hause ein Mikrofon bzw. Headset zur Verfügung.	O	O	O	O
9.) Ich habe für den Unterricht und das Lernen zu Hause eine Webcam (Kamera am Computer) zur Verfügung.	O	O	O	O
	Dazu möchte ich mich nicht äußern O			

Inwieweit treffen die folgenden Aussagen auf dein Fühlen und Handeln beim Lernen bzw. Arbeiten für die Schule zu?

	stimmt nicht	stimmt eher nicht	stimmt eher	stimmt
1.) Andere wollen immer gerade dann, dass ich etwas für die Schule tue, wenn ich mich erhole / entspanne.	O	O	O	O
2.) Ich mag gar nicht an die vielen Dinge denken, die ich für die Schule noch tun muss.	O	O	O	O
3.) Es passiert mir oft, dass ich es gar nicht höre, wenn jemand mir sagt, ich solle etwas für ihn erledigen.	O	O	O	O
4.) Wenn man nicht so viel dafür arbeiten müsste, wäre ich gerne in der Schule erfolgreicher.	O	O	O	O
5.) Ich werde oft mit Arbeiten für die Schule nicht fertig, weil andere mich stören.	O	O	O	O
6.) Wenn ich lerne, muss ich immer daran denken, was ich jetzt Schöneres tun könnte.	O	O	O	O
7.) Mit meiner Arbeit für die Schule werde ich oft nicht fertig, weil ich zu lange nachdenken muss.	O	O	O	O
8.) Bei vielen Dingen, die ich für die Schule tun muss, bekomme ich ein unangenehmes Gefühl.	O	O	O	O
9.) Wenn draußen die Sonne scheint, kann ich einfach nicht für die Schule lernen oder arbeiten.	O	O	O	O
10.) Ich weiß gar nicht, warum ich abends oder am Wochenende lernen soll, wenn die anderen das auch nicht tun.	O	O	O	O
11.) Ich sehe nicht ein, warum ich Dinge auswendig lernen soll, die man nachschauen kann.	O	O	O	O
12.) Ich kann meine Arbeiten für die Schule oft nicht ordentlich machen, weil ich immer gestört werde.	O	O	O	O
13.) Warum soll ich Dinge lernen, die ich nachher wahrscheinlich sowieso nicht brauchen kann?	O	O	O	O
14.) Ich musste schon oft Dinge mühsam lernen, die nachher doch nutzlos waren.	O	O	O	O
15.) Bei Arbeiten für die Schule, die ich nicht machen möchte, langweile ich mich sehr schnell.	O	O	O	O
16.) Warum soll ich etwas für die Schule gleich erledigen, wenn dafür morgen auch noch Zeit ist?	O	O	O	O
17.) Warum soll ich mich für die Schule bemühen, wenn keiner das würdigt?	O	O	O	O
18.) Ich stelle mich dumm, um unangenehme Arbeiten zu vermeiden.	O	O	O	O
19.) Wenn ich eine Arbeit nicht machen möchte, versuche ich zu erreichen, dass jemand anderes sie erledigt.	O	O	O	O
20.) Ich warte, bis sich unangenehme Arbeiten von selbst erledigen.	O	O	O	O

Inwieweit treffen die folgenden Aussagen auf deine Motivation beim Lernen zu Hause während der Pandemie auf dich zu?

Meine Motivation beim Lernen zu Hause	stimmt nicht	stimmt eher nicht	stimmt eher	stimmt
1.) Die Aufgabenbearbeitung zu Hause macht mir Spaß.	O	O	O	O
2.) Ich finde die Aufgaben für zu Hause interessant.	O	O	O	O
3.) Ich fürchte mich vor den Aufgaben.	O	O	O	O
4.) Ich finde die Aufgaben für zu Hause spannend.	O	O	O	O
5.) Ich bin sicher, dass ich die Aufgaben zu Hause schaffe.	O	O	O	O
6.) Mit den Aufgaben für zu Hause fühle ich mich überfordert.	O	O	O	O
7.) Ich habe Spaß daran, selbständig zu lernen.	O	O	O	O
8.) Lernen zu Hause ist mir viel zu anstrengend.	O	O	O	O
9.) Meine Motivation für das Lernen hat während der Schulschließungen nachgelassen.	O	O	O	O
10.) Mir gelingt das Lernen bei der zweiten Schulschließung besser als bei der ersten.	O	O	O	O
11.) Insgesamt bin ich mit dem Lernen zu Hause zufrieden.	O	O	O	O
	Dazu möchte ich mich nicht äußern O			

Inwieweit treffen die folgenden Aussagen auf deine Gefühle beim Lernen zu Hause während der Pandemie zu?

Meine Gefühle beim Lernen zu Hause	stimmt nicht	stimmt eher nicht	stimmt eher	stimmt
1.) Ich habe Spaß.	O	O	O	O
2.) Ich bin glücklich, dass ich gut vorankomme.	O	O	O	O
3.) Ich schäme mich, weil ich es nicht kann.	O	O	O	O
4.) Ich bin stolz beim Lernen.	O	O	O	O
5.) Ich fühle mich hoffnungslos.	O	O	O	O
6.) Ich mache mir Sorgen, ob ich das schaffe.	O	O	O	O
7.) Ich fühle mich zuversichtlich, dass ich es schaffe.	O	O	O	O
8.) Ich ärgere mich darüber, dass ich lernen muss.	O	O	O	O
9.) Ich bin stolz, wie gut ich vorankomme.	O	O	O	O
10.) Ich langweile mich.	O	O	O	O
11.) Ich schäme mich, weil ich den Stoff nicht verstehe.	O	O	O	O
12.) Ich werde beim Lernen wütend.	O	O	O	O
13.) Ich fühle mich beim Lernen hilflos.	O	O	O	O
14.) Wenn ich sehe, was ich tun muss, bekomme ich Angst.	O	O	O	O
15.) Beim Lernen bin ich angespannt und nervös.	O	O	O	O
16.) Ich bin zuversichtlich, dass ich mit dem Stoff gut zurechtkomme.	O	O	O	O
	Dazu möchte ich mich nicht äußern O			

Inwieweit treffen die folgenden Aussagen auf deine Aufmerksamkeit beim Lernen zu?

Meine Aufmerksamkeit beim Lernen	stimmt nicht	stimmt eher nicht	stimmt eher	stimmt
1.) Wenn ich Aufgaben zu Hause bearbeite, bemerke ich, dass ich immer wieder an andere Dinge denke.	O	O	O	O
2.) Es fällt mir zu Hause schwer, beim Lernen bei der Sache zu bleiben.	O	O	O	O
3.) Meine Konzentration hält zu Hause bei den Aufgaben nicht lange an.	O	O	O	O
4.) Ich kann beim Fernunterricht aufmerksam zuhören.	O	O	O	O
5.) Beim Fernunterricht kann ich mich konzentrieren.	O	O	O	O
6.) Beim Fernunterricht bin ich allein im Zimmer.	O	O	O	O
7.) Beim Fernunterricht kann ich ungestört arbeiten.	O	O	O	O
8.) Ich chatte nebenbei mit meinen Freunden während des Fernunterrichts.	O	O	O	O
9.) Ich beschäftige mich mit anderen Dingen während des Fernunterrichts.	O	O	O	O
	Dazu möchte ich mich nicht äußern O			

Inwieweit treffen die folgenden Aussagen auf dich zu?

Die Rückmeldung von Lehrerinnen und Lehren	stimmt nicht	stimmt eher nicht	stimmt eher	stimmt
1.) Meine Hausaufgaben werden regelmäßig überprüft.	O	O	O	O
2.) Zu meinen Hausaufgaben bekomme ich Rückmeldung.	O	O	O	O
3.) Ich weiß, für welche der Aufgaben ich eine Note bekomme.	O	O	O	O
4.) Ich weiß, was ich bei meinen Aufgaben tun muss, um eine gute Note zubekommen.	O	O	O	O
5.) Menge und Umfang der Hausaufgaben finde ich gut.	O	O	O	O
6.) Wenn ich mit meinen Aufgaben zu Hause nicht weiterkomme, kann ich meine Lehrerinnen und Lehrer um Hilfe bitten.	O	O	O	O
7.) Wenn ich mit meinen Aufgaben zu Hause nicht weiterkomme, kann ich meine Mitschülerinnen und Mitschüler um Hilfe bitten.	O	O	O	O
8.) Ich weiß, wann und wie ich meine Lehrerinnen und Lehrer erreichen kann.	O	O	O	O
	Dazu möchte ich mich nicht äußern O			

Zum Schluss:

1.) Wenn du dir dafür eine Note geben würdest: Wie gut gelingt dir zu Hause das Arbeiten für die Schule?					
O sehr gut (1)	O gut (2)	O befriedigend (3)	O ausreichend (4)	O mangelhaft (5)	O ungenügend (6)

2.) Wenn du dir dafür eine Note geben würdest: Wie ist dein Lernerfolg beim Lernen zu Hause?					
O sehr gut (1)	O gut (2)	O befriedigend (3)	O ausreichend (4)	O mangelhaft (5)	O ungenügend (6)

3.) Wenn du dir dafür eine Note geben würdest: Wie ist deine Mitarbeit während des Fernunterrichts?					
O sehr gut (1)	O gut (2)	O befriedigend (3)	O ausreichend (4)	O mangelhaft (5)	O ungenügend (6)

4.) Wenn du dir dafür eine Note geben würdest: Wie ist dein Lernerfolg beim Fernunterricht?					
O sehr gut (1)	O gut (2)	O befriedigend (3)	O ausreichend (4)	O mangelhaft (5)	O ungenügend (6)

Vielen Dank fürs Mitmachen!

9.4 Einverständniserklärung der/des Erziehungsberechtigten

Liebe Eltern, Konstanz, den 19. April 2021

im Rahmen meines Masterstudiums zur Unterricht- und Schulentwicklung an der Pädagogischen Hochschule Freiburg führe ich ein Forschungsprojekt durch, das die Untersuchung der Lernmotivation, des Lernverhaltens und der Lernemotionen von Schülerinnen und Schülern beim Lernen zu Hause unter den Bedingungen der Corona-Pandemie zum Ziel hat.

Wie läuft die Studie ab?

Für die Datenerhebung werden die Schülerinnen und Schüler mittels eines Fragebogens befragt. Die Befragung findet im Unterricht statt und dauert etwa 45 Minuten.

Mit der Datenerhebung möchte ich in der letzten Aprilwoche beginnen, Nacherhebungen sind ebenso geplant.

Falls Sie Einzelheiten zum Inhalt des Schülerfragebogens erfahren möchten, können Sie sich gerne an mich wenden.

Hinweise zum Datenschutz

Bei der Untersuchung werden die gesetzlichen Bestimmungen zum Datenschutz sorgfältig beachtet. Alle Angaben werden streng vertraulich behandelt. Die Fragebögen werden anonym bearbeitet, so dass keine Identifikation einzelner Schülerinnen und Schüler möglich ist. Die erhobenen Daten werden nur für den Zweck der wissenschaftlichen Forschung im Rahmen meiner Masterarbeit verarbeitet und hierfür elektronisch gespeichert. Die Schule erhält eine zusammenfassende wissenschaftliche Gesamtauswertung, die für die weitere pädagogische Arbeit genutzt werden kann. Die Ergebnisse werden in wissenschaftlichen Publikationen veröffentlicht.

Wie kann mein Kind an der Studie teilnehmen?

Für das Gelingen der Untersuchung und eine hohe Aussagekraft der Ergebnisse ist es von größter Bedeutung, dass möglichst viele Schülerinnen und Schüler an der

Untersuchung teilnehmen. Für die Befragung benötige ich Ihr Einverständnis. Die Teilnahme an der Untersuchung ist selbstverständlich freiwillig. Die Befragung wird von der Schulleitung ausdrücklich unterstützt.

Ich möchten Sie deshalb sehr herzlich bitten, meine Studie zu unterstützen, indem Sie diese Einverständniserklärung unterschreiben und Ihrem Kind bis zum 18.05.2021 wieder mit in die Schule geben.

Haben Sie noch Fragen?

Falls Sie Fragen zu meinem Projekt haben, können Sie sich jederzeit gerne an mich wenden.

Vielen Dank für Ihre Mitwirkung und Unterstützung!

Mit freundlichen Grüßen,

Projektleiterin,

Dr. Deisy Geißinger

9.5 Einverständniserklärung der/des Erziehungsberechtigten

Ich bin damit einverstanden, dass mein Kind an der Studie zu Lernmotivation, Lernverhalten und Lernemotionen der Schülerinnen und Schüler beim Lernen zu Hause unter den Bedingungen der Corona-Pandemie teilnimmt und dass alle dabei erhobenen Daten wissenschaftlich verarbeitet und genutzt werden.

Vor- und Nachname des Kindes:

____

Klasse ____________________

(Ort) (Datum) ___________, den _______________

____

(Unterschrift der/des Erziehungsberechtigten)

Herzlichen Dank für Ihre Unterstützung! Bitte geben Sie diesen Abschnitt Ihrem Kind möglichst bald unterschrieben wieder mit in die Schule!

Hartung-Gorre Verlag
Inh.: Dr. Renate Gorre
D-78465 Konstanz
Fon: +49 (0)7533 97227
eMail: verlag@hartung-gorre.de
www.hartung-gorre.de

Juli 2021

Bernadette Straessle

Klassenrat

Die Basisdemokratie im Schulzimmer

Erste Auflage 2021. 88 Seiten,
davon 66 Farbseiten, € 24,80.
ISBN 978-3-86628-710-5

Bernadette Straessle arbeitete nach ihrem Philosophiestudium an der Universität Zürich als Gymnasiallehrerin, bevor sie sich zur Primarlehrerin ausbildete. Neben ihrer Unterrichtstätigkeit führt sie eine eigene philosophische Praxis, hält Vorträge zu philosophischen und religionswissenschaftlichen Themen.
Im Rahmen ihrer Lehrtätigkeit lernte sie den Klassenrat kennen. Er gehört mittlerweile als fester Bestandteil zu ihrem Unterricht, da die Kinder dank ihm nicht nur für die Schule, sondern auch für das Leben lernen.

Dieses Buch zeigt auf, mit welchen Anliegen sich die Schülerinnen und Schüler ihrer Mittelstufenmehrklasse während drei Schuljahren im Klassenrat auseinandergesetzt und welche Lösungen sie dafür gefunden haben. Ferner wird geschildert, was der Klassenrat ist, was er bringt und wie eine Klassenratssitzung abläuft. Schließlich finden auch noch die Ansichten der Schulkinder zum Klassenrat ihren Platz.

Inhalt